相手を立てるのがうまい人

コミュニケーション・アドバイザー
森 優子
YUKO MORI

三笠書房

はじめに

相手を立てるのがうまい人は、間違いなく**好印象**を持たれます。

相手から**「感じのいい人だな」「また一緒に仕事をしてみたいな」**とポジティブな評価をしてもらえるので、人間関係や仕事がうまくいくのです。

相手を立てるのがうまい人は、不快感を与えないのはもちろんですが、その場限りの表面的な優しさだけではなく、**相手を真に思いやる気持ち**が根底にあると、私は思っています。

とても魅力的な人であり、私自身も目指し続けている存在です。

突然ですが、皆さんはメールやＬＩＮＥで、うっかり相手の名前（漢字）を間違えて書いたまま送ってしまったことがないでしょうか。

相手の名前を間違えて送信してしまうのは、当然ながらとても失礼なことです。送信する前に慎重に確認をしておけば、防げるミスだからです。


とはいえ人間ですから、ついうっかりしてしまうこともあるでしょう。

そんなとき、相手を立てるのがうまい人は、「漢字が違っていますよ」と、あからさまにミスを指摘したりはしません。

黙って見逃してくれるのです。

送信後にこちらが誤りに気がついて慌てて謝罪メールを送ったときも、**思いやりのある言葉を投げかけて安心させてくれる**のです。


お恥ずかしい話ですが、私は以前、あろうことか大事な得意先の担当者の名前の漢字を間違えたままメールを送信してしまいました。

後から気がついて真っ青になり、急いで謝罪メールを送りました。

するとすぐに次のようなお返事をいただいたのです。

「よく間違えられるのですよ。どうかお気になさらないように」

「なんて思いやりのある人なのだろう!」と、心の底から感動が湧き上がってきたのを覚えています。

「よく間違えられるのです」という救いのひと言で、ミスを犯した私を立ててくれたのです。


私はリクルートという会社で、求人広告の営業を長年経験してきました。

ひと口で営業といっても、仕事内容は多岐《たき》にわたります。

企業の採用のお手伝いという枠を超えて、クライアントの方々と、ときに本音と本音のぶつかり合いの真剣勝負も含めて、とても濃厚なお付き合いを経験させていただいたと感謝しています。

また、生活のために銀座のクラブホステスをしていた時期もあります。

先ほど紹介した得意先の担当者のような、ごく自然に相手を立てられる素晴らしい人たちとの出会いもたくさん経験してきました。

リクルートと夜の銀座のダブルワークによる「人間観察」を通して、いわば**「人間審美眼《しんびがん》」**を磨かせていただいたと思っています。

そうした経験を私なりに社会で役立てたいと思い、現在では主に接客業やサービス業、営業職に向けたコミュニケーションの研修講師として活動しています。

本書では、相手を立てるのがうまい人が、実際にどんなほめ方や聞き方をしているのか、どんな身のこなしや態度をとっているのかを、実際に私が体験したエピソードを交えながら解説してみました。

職場はもちろん、友人や家族、パートナーとの人間関係をよくするヒントをたくさんご用意させていただきました。

「主導権をとるのは私！」と出しゃばってしまう「自分ファースト」ではなく、

さらりとやわらかく相手を立てる、いわば**「相手ファースト」**に変わっていく。
そんな「相手ファースト」がさりげなくできる人が増えていったら、あらゆるところで笑顔が増えて会話が弾み、気持ちのいい人間関係の輪が広がるのではないかと楽しみにしています。

そんな明るい未来の実現に向けて、本書が少しでもお役に立てたら、これ以上の喜びはありません。

森　優子

第1章 さりげなく、やわらかく相手を立てる
――守りたい基本

第2章
「聞く、書く、動く」で、相手を立てる
――すぐできる習慣

第3章

相手の心の扉が開く、「ほめる」の魔法
——ほめ方のすべて

第4章

相手が「困った人」なら、こう立てる

——作戦と対処法

企画協力／糸井　浩
本文ＤＴＰ／株式会社ＳｕｎＦｕｅｒｚａ

第1章

さりげなく、やわらかく相手を立てる

――守りたい基本

「7割聞いて、3割話す」とうまくいく

相手ファーストの基本

相手を立てるのが上手な人は、常に**「相手ファースト」**を心がけています。

この「相手ファースト」こそ、円満な人間関係を築く秘訣です。

相手を立てるのが上手な人は、仕事でもプライベートでも、会話の中で**まず相手の気持ちになって話を聞く**ことを実践しています。具体的には相槌《あいづち》を打ちながら共感の気持ちを表現して、途中で相手の話をさえぎることをしません。

まずは、全部聞いてみる。

これこそ「相手ファースト」の基本中の基本です。

私がリクルートで採用の営業をしているとき、当時の上司はいつも**「お客様を**

主語にして話をしなさい」とチームメンバーに言っていました。

私は最初、この言葉の意味をあいまいにしか理解できていませんでした。

つまりは実感できていなかったのですね。

ところが、上司に営業に同行してもらったある企業との商談の際に「なるほど、こういうことか！」とストンと腹に落ちてきたのです。

そこには、お客様と会話をするうえで、とても大切な法則がありました。

上司が実践していたのは、**「7対3の法則」**でした。

7割がたお客様に話をしてもらい、自分が話すのは3割で十分ということです。

上司は軽い雑談をした後で、営業先の社長に3つの質問をしました。

「今、一番困っていることは何ですか？」

「どんな会社にしていきたいですか？」

「社長の夢は？」

そして質問をした後は、相槌を打ちながら「それはお困りですよね」「それは素晴らしい夢ですね」と、共感の言葉を口にする以外は**聞き役に徹していた**のです。

上司曰《いわ》く「お客様に7割話をしてもらうためには、自分が7割聞く姿勢でいることが大切。自分が話すのは3割までで十分なの」

話好きの上司がたった3割しか話さなかったことにも驚きましたが、さらに驚くべき事態が起きました。いつも寡黙で多くを語らなかった社長が、心を開いて会社の難題や夢について雄弁になっていったのです。

この日をきっかけに、私自身もお客様との会話で「7対3の法則」を意識し、実践するように変わりました。お客様が心を開いてたくさん話をしてくれることは、今後、素晴らしいご縁へと発展していくよい兆《きざ》しといえるでしょう。

相手の話をたくさん引き出すためには、7対3の割合で聞き役に徹する。

これこそが「お客様を主語にする」ことの本当の意味だったのです。

お客様だけでなく、**誰に対しても「7対3の法則」を心がけてみましょう。**

相手を立てる心遣いで大切にしたい基本です。

「挨拶は自分から」を心がけよう

返事がなくても気にしない

「おはようございます」

「こんにちは」

「よろしくお願いします」

自分から明るい挨拶ができる人は、相手に好印象を与えます。

「礼儀正しい人だな」という、いいイメージを持ってもらえるのです。

挨拶は相手に対する敬意を示す、最も初歩的なマナーであり礼儀です。

つまり、**自分から先に挨拶することは、相手を立てるために必要な基本的な振る舞い**なのです。

私がコミュニケーション研修を担当した、ある中小企業の取締役がこんなことを嘆いていました。

「挨拶をしない人が増えていてね。廊下ですれ違っても素知らぬ顔で通り過ぎる。こちらから声をかけて挨拶をしても、よくてお辞儀をする程度なんですよ……」

会社にとって極めてよくない傾向だと感じたこの取締役は、各部門の部長たちに確認してみました。すると予想どおり、部長たちも同じような危機感を抱いていたことがわかったのです。

そこで改善策として、部長たち自らが従業員に「おはよう」「おつかれさま」と声をかけて挨拶する取り組みを始めました。

しかし、挨拶を返してはくれるものの、従業員たちの表情は暗いままです。社内の空気も、何かよどんでいるように感じたそうです。

従業員の研修中にチャットで、「挨拶についてどう思っていますか?」と部長から質問を投げかけてもらったところ、意外な事実が判明しました。

20代と30代の従業員のほとんどが、挨拶の大切さをわかってはいるものの、挨拶をスムーズにできない、隠れた原因が発覚したのです。

その原因の多くは、「自分から挨拶しても、無視されたら怖い」「相手が視界に入った時点で、緊張してつい下を向いてしまう」という心理に根ざしたものでした。中には人見知りのため、挨拶のときでさえ言葉が出てこない人もいました。

それぞれの思いや気持ちが、私にはわかる気がしました。

立場が上の人を前にすると、緊張してしまうのは当然です。ましてや、その人が考え事をしていたり、不機嫌そうな表情をしていたりしたら、なおさら声をかけるのをためらってしまうものです。過去に、自分から挨拶をしたのに無視された辛い経験が、ちょっとしたトラウマになっていることもあるでしょう。

もし皆さんが、同じような思いで悩んでいるなら、その悩みを前向きに振り払って、**挨拶の大切さにもう一度、思いを馳《は》せてほしい**と思います。

挨拶をしても無視されたら、「この人は今、機嫌が悪いんだな」「挨拶を返すこともできない、プライドの高い人なんだな」と思って、**それ以上は気にしないこと**です。

それよりも、**挨拶をしたら気持ちのよい挨拶が返ってきた人と、ポジティブな関係性を築いてほしい**のです。毎日の積み重ねで、人生が明るくなることでしょう。

商業施設の看板デザインをしている会社の社長がしみじみと言っていました。

「挨拶をしない人が増えたけど、もったいないことだねえ。自らチャンスを逃しているようなものだよ」

この社長は冷静沈着な雰囲気を醸し出しているので、人によっては一見、近寄りがたいイメージを抱いてしまうタイプの方です。

しかし実際に話してみるととても穏やかな人柄で、ご自身の豊富なビジネスの経験に裏打ちされた、有益なアドバイスを惜しまない優しい人なのです。

私はこの社長から、仕事や生き方についての貴重なヒントをたくさん聞くことができました。

もし自分から挨拶するのを怠っていたら、この社長と良好な人間関係を築くことができず、価値ある助言をいただくチャンスを失っていたに違いありません。

そう思うと、心の底からゾッとしてしまいます。

繰り返しになりますが、自ら進んで挨拶をすることは、相手を立てるために欠かせない基盤なのです。

自分から感じのいい挨拶をすることを心がけて、相手を立てていきましょう。

そうした**一見地味なことの積み重ねが、思いもよらない人生の飛躍をもたらしてくれる**ことがあるのですから。

「また会いたい」と思われる人の秘密

信頼の源は「共感と承認」

会話の中で相手を立てていくと、「よいこと」がたくさん起きていくものです。「7対3の法則」についてお伝えしたとき、お客様の話に共感する上司のエピソードについて触れました。「それはお困りですよね」「それは素晴らしい夢ですね」という上司の共感の言葉によって、寡黙な社長が驚くほど雄弁に変わっていったのです。社長からたくさん話をしていただけたうえに、社長の悩みと夢をも把握することができました。大きな、得難いメリットを手にしたわけです。

「共感的理解」という言葉をご存知でしょうか。

心理カウンセラーがお客様（患者様）の話を聞くときに、自分もお客様と同じような感情で話を聞き、相手の気持ちを理解することを指す言葉だそうです。

悲しい話なら悲しそうに、相手が怒っているなら自分も怒りの気持ちになることで、相手の立場に立って寄り添うことができます。

つまり、これも相手を立てることのひとつなのです。

会話の中で共感的理解ができるようになると、相手から**「もっとこの人に話を聞いてもらいたい」**と思ってもらえます。

仕事でもプライベートでも、自分の話をまるで自分のことのように共感しながら聞いてくれる人には、**「また会いたい」**という気持ちが自然と湧くものです。

そういえば先の上司も、社長が暗い表情で悩みを話しているときは同じく困った顔で聞き、社長が明るい表情で夢を語り始めたら、笑顔で聞いていました。


さて、相手を上手に立てる人がよく使う言葉に**「おっしゃるとおりです」**があります。皆さんも、テレビやラジオなどで、人気アナウンサーやコメンテーターの方々が使っているのを聞いたことがあるでしょう。

この「おっしゃるとおりです」は**承認言葉**です。「あなたの言っていることは、決して間違っていません」と承認しているのです。

承認することは、すなわち相手を立てることです。

たとえ自分の意見が違っていても、最初に「あなたの意見はわかりました」と承認をしてから自分の思いを伝えると、相手に嫌な感情を与えないですみます。

そこで有効なのが**「承認」＋「否定」のイエスノー方式**です。

「〇〇さんのおっしゃるとおりです。でも私はこう思います」

「おっしゃるとおりですよね。確かにそう思います。だけど私の考えはこうです」

もし、初対面や面識の浅い人に対して、自分の考えを述べると角《かど》が立ちそうだと感じたら、「おっしゃるとおりだと思います」「確かにそうですね」とだけ言って相手を立てておきます。黙っているよりもはるかに、信頼関係を築けるでしょう。

共感も承認も、相手の思いや意見を尊重する姿勢が大切です。

共感言葉と承認言葉で相手を立てる。すると円満な関係を築けるので、相手は「また会いたい」「また話を聞いてもらいたい」と思ってくれるのです。

相手の「よい部分」を見つける

完璧を求めるのはやめる

「人の嫌な部分を見ても、それだけでその人を嫌いになることはないんだよね」

以前、友人が語ったこの言葉が印象に強く残っています。

なるほど、だから彼女は仲間からも後輩からも慕われていて、気がつくとリーダーとして皆を自然に率いる存在になっているのかと納得しました。

そうはいっても人間です。

どんなに嫌な部分を見せられても、その人を本当に嫌いになることはないのでしょうか。

その友人に詳しく聞いてみました。

彼女曰く「例えば、大きな嘘をつかれたとしても、約束を破られたとしても、ひどいことを言われたとしても、一度で嫌いになることはない。なぜなら、その人にはよいところがあるから。よいところがあれば、一度だけの嫌なことで相手を嫌いになることはないのです」

そんな慈愛に満ちた彼女ではありますが、二度三度と嫌なことを繰り返されたら、それは話が別だというのです。

つまり、一回だけの嫌なことで相手を嫌いになったりはしないというのは、**日ごろから相手のよいところを知ろう、見つけようとしている**からなのですね。

それを聞いて「なんて素晴らしい心がけなのだろう！」と感激しました。

私のところに相談に来る方々の中には、「最近、友人がグチばっかり言うようになって嫌になってきた」「主人の優柔不断さを知って、嫌いになってしまった」「ケンカをしたら、顔も見たくなくなった」というお悩みを抱えている人がたくさんいます。

そんなとき、私はいつも冒頭の友人の言葉を思い出します。

もちろん、相談に来る方々の気持ちはよくわかります。

会うたびにグチばかり聞かされたら疲れますし、優柔不断にはイライラするでしょう。ケンカをすれば、相手の顔を見たくなくなるのは当然ですね。

嫌な部分がひとつでもあれば、その人のすべてが嫌になってしまうのは、人間ですから自然な感情だと思います。


ですが、そのたびに嫌いになっていたら、この世の中から好きな人はひとりもいなくなってしまうことでしょう。

それなら**嫌な部分を見て嫌いになる前に、相手のよいところを思い起こしてみてはいかがでしょうか。**

数学に不等式というものがあります。そうです、「>」「<」などの記号を使って、数の大小を表す式です。

この記号を使って、自分の気持ちを量ってみるといいでしょう。自分が思う相手のよい部分のほうが、嫌な部分よりも大きければ大丈夫です。嫌いになったのは、あくまで一時的なことだといえそうです。

人間は完璧ではありません。

人の嫌な部分を見ても、よい部分を見つけるようにして、不等式に当てはめてみましょう。

難しいかもしれませんが、よい部分が嫌な部分よりも少しでも大きければ、相手への見方も少し変わってくるのではないでしょうか。

いつも「思いやりの心」を忘れない

トラブルが少ない人の秘密

いつも人間関係がうまくいっていて、トラブルらしいトラブルを起こさない人がいるものです。

そんな人は、人間関係でトラブルに発展しそうな出来事が起こっても、事が大きくなる前に察知して、深刻にならないように上手に回避しています。

そうした人たちの心の中には、**「相手に嫌な思いをさせてはいけない」という思いやり**がしっかりと根付いているのです。

リクルート時代、こんなことがありました。

求人広告を出していただいたお客様から、採用の難度が高い職種に限っては斡《あっ》旋《せん》を考えてみたいというリクエストをいただいたため、私は社内の斡旋部署へつなぐことにしました。

お客様が急いでいたこともあり、斡旋担当の女性へ電話とメールで簡単にこれまでの経緯を伝えました。すると女性担当者は「訪問したら報告します」と言って、早速お客様のところに足を運んでくれたのです。


ところが、数日たっても彼女から何の報告もありません。

電話をしても外出中で、「斡旋を利用していただけそうですか?」「その後、どのような感じでしょうか」とメールを送っても一向に返信が来ないのです。

しびれを切らした私は、お客様に電話をして、斡旋への思いをさりげなく聞いてみました。

すると「そんなこともまだ共有できていないのか!」と叱られてしまいました。

考えてみれば、当然のことですね。

もう一度、彼女に報告をお願いするメールを送ると、ようやく返信が届きました。ところが、しびれを切らした私の頭が働かなくなっていたのか、内容を把握するのに頭をひねらなければならないほど長文だったのです。

これまでの顛末《てんまつ》を当時の上司に報告すると、「森さんの気持ちはもっともですよ」と言って、すぐに斡旋部署へ連絡を入れてくれました。

そして、15分もたたないうちに私を呼んでこう言ったのです。

「報告をすぐにしなかった彼女には、確かに落ち度がある。そして、報告するときはシンプルに時系列に書いてくれたら理解しやすいよね。でもね、彼女は今年入社したばかりだというから、今回のことは大目に見てあげてね。彼女の上司も今回の改善点はしっかり伝えると言っているから」

私はハッとしました。

社会人デビューしたばかりなら、無理もありません。22、23歳の新入社員とは知らず、同じ目線で対応を期待した自分が愚かだったと反省しました。そして、最初に「森さんの気持ちはもっともですよ」と私を立ててから、すぐに斡旋部署へ連絡をしてくれた上司は、私に新入社員への思いやりも忘れないようにさりげなく諭してくれました。

そんな上司に対して、私は尊敬の気持ちでいっぱいになりました。

その後すぐに、彼女から謝罪の電話がかかってきました。

心なしか元気がなく、その初々しい声と話し方に、思わず私も何度も報告を催促したことを謝ったのでした。

相手を立てるのが上手な人は、**常に思いやりを忘れないのでトラブルを未然に防ぐことができる**のです。

当時の上司がキャリアのある私を立てつつ、新入社員の彼女も同じく立てることができたのは、ひとえに**思いやりの心が行き届いていた**からに他なりません。

このときの上司は現在、新卒を率いる部署の部長として活躍されています。

いつも落ち着いた雰囲気を保つ

「そばにいたい」と思われる人

せっかちな人は周囲から落ち着いて見えないものです。先を急ぎすぎるがゆえにミスをして、かえって手間取ってしまう……。これでは印象が悪くなっても仕方がありませんね。きびきび動くことと、せかせか動くことは全く違うのです。

逆に、落ち着いている人は周囲からよい印象を持たれるものです。落ち着いている人を見ていると、何だか自分も落ち着いてくるから不思議ですね。

それでは、どのような人が落ち着いて見えるのでしょうか。

着ている服装の色が地味だとかメイクがナチュラルだとか、会話をする前の外見的な印象ではなく、あくまでも**会話をしている間の印象が落ち着いていること**

がとても大事だと私は思っています。

具体例をひとつあげると、落ち着いて見える人は話し方のスピードがややゆっくりです。速すぎても聞き取る人は疲れますし、遅すぎても疲れます。また、声の大きさも丁度いいのです。周囲が振り返るほど大きな声で話すこともなければ、蚊の鳴くような声で話すこともありません。

つまり相手が聞き取りやすいように、**話し方のチューニング**をしているのです。

さらに、落ち着いて見える人は**心が安定しています。**

心が安定しているからこそ、周囲から気持ちに余裕があるように見えます。

ボーッとしているのではなく、**心のギアをニュートラルにしている**のです。

心のギアをニュートラルにしておけば、周囲の様子をしっかり把握できるので、冷静に物事を考えられます。何かあっても慌てなくてすむのです。仕事やプライベートでトラブルが発生しても、焦ってアクセルを踏むことがないため、言動が暴走することがありません。

20代や30代くらいの方だと、周囲から「落ち着いてるね」と言われると、素直に喜んでいいのかわからないという人がいるかもしれません。

特に女性は、「老けているると思われているのではないか」と不安になることもあると聞きます。ですが、落ち着いて見える女性は、男性から見ても女性から見ても魅力的でモテるものです。

それは、**上品で自立した大人の雰囲気**を感じるからでしょう。ちょっとやそっとでは動じなそうな凛《りん》としたオーラは、実年齢より精神年齢を高く見せて、包容力があるような印象も与えるからです。

誰だって、短気で感情的になる人よりも、落ち着いている人にそばにいてほしいと思うのではないでしょうか。

日ごろから心のギアをニュートラルにして、落ち着いて穏やかに見える人を目指しましょう。

落ち着きは相手をうまく立てるためにも、まといたい雰囲気なのです。

サービスとおもてなしの違い

相手への深い思いやり

私が尊敬する人生の先輩に、あるホテルの支配人がいます。

その人は、サービスとおもてなしの違いを次のように教えてくれました。

「雨が降ってきて『こちらの傘をどうぞお使いください』と、お客様に傘を差しだすのはサービス。傘をさして差し上げるのがおもてなし」

つまり、**相手に少しでも手間をとらせないようにする**のがおもてなしなのです。

ホテルマンは接客のプロですから、おもてなしはできて当たり前と思う人もいるでしょう。ですが実際には、おもてなし以前に、微笑《ほほえ》みもなく感じのよくない（サービス精神のない）ホテルマンがいることも残念ながら事実です。

逆に、接客業ではないのに、さりげないおもてなしを感じさせてくれる人もたくさんいます。

私が感動したのは、得意先のある企業の部長のおもてなしでした。

雪がちらつきそうな冬の日、打ち合わせが終わって椅子から立ちあがった私に、その部長はこう言ったのです。

「外は寒いので、どうぞここでコートを着てください」

傘はビルの入り口に置いてあるとはいえ、資料や私物が入っているカバンを持ちながら、外の寒い空気の中でコートを着るのは手間がかかりますね。

コートを着る手間をとらせないだけでなく、**風邪をひかないようにという配慮**をしてくださっているのも感じられて、温かい気持ちになりました。

元々のお人柄もあるかもしれませんが、きっと部長は日ごろからそうした配慮をされてきたからこそ、さりげなく温かいおもてなしができるのだと思います。

部長はいつお会いしても、多くの取引先のひとつでしかないにもかかわらず、変わらない穏やかさで私を立ててくださいます。本当に頭が下がります。

目上の人たちから愛される方法

リスペクトの気持ちを示す

「僕はね、自分より一歳でも年上の人を立てるように、いつも心がけています」

そう話すのは、地域密着型の不動産会社の社長です。

社長は、私の母が住んでいたマンションの管理業務もしていたことから、ロビー前で会うたびに、母をはじめとするマンションの住人たちと立ち話を楽しむ間柄になっていきました。

母曰く「とにかく感じがいいのよ。『こんにちはー。お出かけですか？　お気をつけて』と、エレベーターから降りてくる人に声をかけているから、いったい誰だろうと管理人さんに聞いてみたら、マンションの管理会社の社長だって言うじゃない。なんて腰の低い人なのだろうと感心したのよ」

社長自ら、管理するマンションに週2〜3回は足を運び、管理人さんだけでなく住人たちにも声をかけてコミュニケーションをとっていたのです。

そんな社長と、いつしか母を交えて私も話をするようになりました。

ある日、私は社長に聞いてみました。

「いつも母が社長のことを、謙虚で素晴らしいとほめています。私も本当にそう思います。どうしてそんなに謙虚でいらっしゃるのですか?」

すると社長はこう答えました。

「僕はね、**自分から声をかけることこそ相手を立てること**だと思っているのです。実は僕は20歳のときに両親を亡くしていてね。両親がいつも口をすっぱくして言っていたのが『人付き合いで大切なのは、自分から話しかけること。特に目上の人は人生の先輩だから、大切にしなくてはダメ。謙虚な気持ちで声をかければ相手からも話しかけてもらえるようになる。そうやって人生の先輩から、人として愛されていくものなんだよ』と。これはもう遺言だね」

20歳のときに両親を亡くされるというつらい経験を抱えながらも、自ら声をかけて相手を立てることを心がけている社長の謙虚さには、ただただ頭が下がりました。

「自分よりも一歳でも年上の人や目上の人を立てるには、自分から声をかけること」

もちろん、これは年下の人に声をかけないということではありません。

実際に、社長は目上の人だけでなく、年下や子どもたちからもとても慕われているのです。

一日でも早く生まれた人は**人生の先輩**だと思って、**敬意を示すこと**が大切だという意味だと思います。

本心からほめると、相手に響く

「いいな」を素直に伝える

基本的に人間は、ほめられたらうれしくなる生き物です。よほどのあまのじゃくでない限り、ほめられて嫌な気持ちになる人はいないでしょう。

「ほめる」とは、**相手のよいところを認めて伝える**行為です。

相手のよいところを伝えることで、相手はうれしい気持ちになります。うれしい気持ちになるということは、気分が上がるということ。相手の気持ちを上げているのですね。

つまり、ほめることは相手を立てることの大事な実践法といえます。

例えば、初対面や面識の浅い人に対して、ほめることで相手の警戒心や不安を取り除き、話しやすい空気をつくることができます。

自ら話しやすい空気をつくることで、自分の緊張も和らげることができるので、そのあとの会話をスムーズに進めることができます。

リクルート時代の、ある敏腕上司のエピソードを紹介します。

その上司は大きな受注につながる初アポや商談のとき、企業の社長がどんなタイプであれ、必ずといっていいほど**会った瞬間から相手をほめていました。**

「社長、壁にかかっている絵はいい絵ですね！　社長が選んだのですか？」

「受付の人がとても感じよくて、気持ちがよかったです」

こんなふうに、さらりと次々にほめていくのです。

すると社長は「私ではなく専務が選んだのですよ」とか「実は私は絵が趣味なんですよ」などと、答えていました。

それを聞いた上司は**またほめます。**

「専務に『センスがいい』とお伝えください」「さすが社長、いい趣味ですね！絵画はいいですよね」と、ちょっとした雑談タイムがはじまって、よい空気のまま本題の商談へと入っていました。

もちろん、ほめるときは**本心からほめる**ことが大切です。

思ってもいないことは、不思議と相手に伝わってしまうもの。どこか言い方がぎこちなかったり、表情が「嘘です」と語っていたりするのかもしれませんね。大げさすぎるジェスチャーも、真意を疑われてしまうでしょう。

仕事でもプライベートでも、**「本当にいいな」「素敵だな」と感じたら、素直にそれを伝えてみましょう。シンプルですが、効果は絶大です。**

繰り返しになりますが、ほめることは相手の警戒心や不安を取り除いて、**その場の空気を温かく、心地よくしてくれます。**

また、ほめることは**相手の自己肯定感を高める**という点でも役立ちます。

相手が落ち込んでいるときは励ましにつながり、相手に元気を与えることになります。

ほめることは、相手を立てることの中でも、とても重要で欠かせないキーワードです。

どんどんほめて相手を立てましょう。

ほめ方の具体的なコツについては、第3章で詳しくお伝えしたいと思います。

ぜひ参考にしてみてくださいね。

マウントをとる人こそ立ててしまおう

「それはすごいですね」が効く

マウントをとる、つまり「あなたよりも私のほうが上なのよ」と言ってくる人に対してイラッとした経験、皆さんもお持ちではないでしょうか。

または、言われた後から「もしかしたらさっきの発言はマウンティング？」と、モヤモヤした気持ちになったことも、少なからずあるかと思います。

マウンティングをしてくる人は何かしらの劣等感を抱えていて、自分に自信がありません。だからこそ、上から目線で言ってくるのです。

自分に自信がないので、自分よりも弱そうな、マウント返しをしてこない人をしっかり選んでいます。

そもそも上から目線でモノが言えるのは、ある特定の「小さな世界」だからだと私は推測しています。ママ友の世界にマウントが多発しがちなのは、「子どもを持つ母親限定の小さな世界」だからです。学生時代からの仲間や会社の同期など、「友人限定の小さな世界」も同様でしょう。

このような小さな世界でマウントをとっている人が、大きな世界でもマウントをとれるかといえば、答えは間違いなく「ノー」です。

広い世の中で、一貫してマウントをとり切れるわけがありません。

もし、あなたがマウントをとられても、気にする必要はありません。

上から目線のことを言われたら、「この人は劣等感を持っていて、自信がないんだ。だから小さな世界でマウントをとっているんだ」と割り切って、とにかく気にしないことです。**「それはすごいですね」と言って、上に立たせてあげましょう。**

上から目線でダメ出しされたとしても、下になってシュンとするのではなく、イラッとして怒るのでもなく、**「わかりました」「ご忠告ありがとう」**と言って、**ヨイショッと相手を上に持ち上げたままにするのです。**

それこそ相手を立ててしまう（笑）のです。

さて、逆の立場になったときはどうでしょう。無意識に、あなたがマウントをとってしまったときです。

あなたにそんな意図はなくても、相手が「マウントをとられた」と感じてしまえば、マウントをとったことになってしまいます。

家族や恋人の写真を見せたり、うれしいエピソードを話したり、仕事でがんばった話をしただけで、自慢をされた（マウントとられた）と受け取られたらたまったものではありませんね。そこまで意識してしまうと、疲れてしまいます。

ですが言い方によっては、うっかりマウントが発生するのも事実です。

気心知れている相手だとつい気が緩んで、自慢ととられてもおかしくない話を、聞かれてもいないのにしてしまうかもしれません。

そんなときは、意外と自分でも気がつくものです。話を聞いている相手の表情や反応に表れていることもあれば、後から「なんであんなことを言ってしまったのだろう……」と後悔して自己嫌悪になることもあるでしょう。

対処法としては「今日は話を聞いてくれてありがとう。つい楽しくて自慢話になってしまったかもしれない。ごめんなさいね」と、**ひと言メールやＬＩＮＥを送ってフォローしておけば大丈夫**です。

もともとの信頼関係ができていれば、それが崩れることはないでしょう。

一番避けたいのは、「マウンティングをしたかもしれない」という状況のまま、放置してしまうことです。

日本だけでも人口は1億2千万人、世界の人口は80億人というのですから、小さな世界でマウントをとっている場合ではないのです。

万が一うっかりマウント発言をしてしまったときは、**「親しき中にも礼儀あり」**の気持ちで、後からきちんと謝りましょう。

過剰な気遣いは自分も相手も疲れる

ほどほどのバランスを

相手を立てることは、人間関係を円満に導くうえでとても大切です。

しかし、**一方的に相手を持ち上げ続けていたとしたら、いつしか疲れてしまう**のも事実でしょう。

自分だけでなく、持ち上げた**相手も疲れさせてしまう**こともあるのです。

一昨年、友人の息子さんがとても感じがよくて性格のいいお嫁さんと結婚をしたため、友人は非常に喜んでいました。

そのお嫁さんは気が利いて心配りも行き届いていて、ちょっとしたプレゼントにも温かいメッセージを添えるのを忘れません。

話を聞いている私まで、友人の喜びが伝わってきて、うれしくなるほどでした。

その友人と、最近お茶をしたときのことです。

「息子さんのお嫁さん、とてもよいお嬢さんで本当によかったね」と言うと、

「本当に申し分ないのだけどね、あまりにも気を遣いすぎるから、逆にこちらが疲れてしまうときがあるのよ」と言うのです。


最初は「なんと贅沢な悩みでしょう」と思いつつ話を聞いてみると、「なるほど」と、腑《ふ》に落ちるエピソードがありました。

息子さん夫婦の家に遊びに行くと、軽食のおもてなしを終えたお嫁さんが、息子さんと雑談している友人の前からスーッといなくなるというのです。

初めのころはさほど気に留めずにいたものの、毎回1時間ほど姿を消す状況が続きました。「具合でも悪くなったのかな」「今日は何か用事があったのかな」と、友人は心配になったといいます。

同様に友人のご主人も「僕がひとりで息子に会いに行ったときも同じだよ。な

ぜ急にいなくなったのかわからなくて、早く帰ったほうがいいのかなと気にしながら息子と話をしていたよ」と言っていたそうです。

息子さんは、お嫁さんのそんな様子をさほど気にしていなかったのですが、息子さんから本人に確認してもらうことにしました。

すると、いなくなるのは**お嫁さんなりの気遣い**だったことがわかったのです。

「数カ月に一度しか会えないのだから、自分がいないほうが親子水入らずの話ができるのではないか……」と思ったというのです。

つまり、お嫁さんならではの優しい気持ちからの行動なのでした。

それを知った友人は「なんと水くさい！」と、苦笑したといいます。

お嫁さん自身も「親子の時間を楽しめているかな、そろそろ終わるかな」と、別室にいながら気が気でなかったのだそうです。

相手が喜ぶ顔を見ると、自分もうれしくなりますね。

確かにそれは人間関係をよくするために必要なプラスのサイクルです。ですが、**自分が疲れるほどの過剰な気遣いは、相手も疲れさせてしまう**ことは、覚えておきましょう。マイナスのサイクルでは、自分も相手も笑顔にはなれません。

シーソーだって、相手を長い間上にいさせたいと思ったら、下でいつまでも力を入れて相手を持ち上げていなければなりませんね。

いつしか笑顔は消えて、徐々に苦し気な表情になってしまうのではないでしょうか。上にいる人だって「そろそろ下に降ろしてほしいな」と、不安になってしまいます。

先ほどの友人ですが、今ではお嫁さんの過度な気遣いもなくなり、皆と一緒に和気あいあいと、水入らずの時間を楽しんでいるそうです。

相手を立てるのはもちろん大事です。

しかし、過剰な気遣いはお互いのためにも禁物というわけですね。

夜の銀座のひと味違う「立て上手」

ときにお客様にカツを入れる

相手を上手に立てられると、間違いなく人から愛されるようになります。

相手を立てられる人は、相手の年齢や立場に関係なく、自分の置かれた場所から**相手を応援している**ともいえます。

相手を応援することは、すなわち相手を尊重することにつながります。相手を尊重し、損得勘定なく応援する人が愛されないわけがありませんね。

人から愛されると自信がつきますね。すると、さらに人を立てることが上手になっていくという、ポジティブなサイクルが発生するのです。

私が所属していたリクルートの営業部は圧倒的に女性が多く、しかも部下よりも年下の上司が割合多くいました。上司と部下で年齢の逆転があっても、双方ともやりにくさを感じさせない自然なコミュニケーションをとって、信頼関係で結ばれていることは一目瞭然でした。

しかしその背景には、お互いを「立て合う」心遣いがあったのです。

「もしかしたら間違っているかもしれないから、もう一度確認してもらえる？」

「もしかしたら締め切り時間、勘違いしていない？」

年上の部下に対して、年下の上司は**仮定言葉**を使ってミスを伝えていました。

「もしかしたら」「かもしれない」は仮定言葉です。

この仮定言葉をプラスすることで、相手に不愉快な思いをさせないよう配慮をしているのです。もし仮定言葉抜きでダイレクトに伝えていたら、どうでしょう。

「間違っているから、もう一度確認してもらえる？」

「締め切り時間、勘違いしていない？」

ちょっときつい印象を与えてしまって、言い方によってはトゲが感じられることでしょう。

一方で、年上の部下は年下の上司に対して、敬語を使うことを忘れませんでした。仮定言葉で仕事のミスを指摘されたときはもちろん、雑談をするときにも、ユーモアで笑い合うときも、「失礼しました。私が間違えていました」「○○さん、笑わせないでくださいよ〜」と、さりげなく敬語を使って答えていたのです。

仮定言葉と敬語でお互いを立て合っていたからこそ、風通しのよい人間関係を保つことができていたのです。

ここで、銀座のホステスの話を紹介しましょう。

私はシングルマザーとして、子育てのためにダブルワークをしていた時期が14年間ありました。昼はリクルートで求人広告の営業の仕事、夜は銀座のクラブでホステスとして働いていたのです。銀座では一流と呼ばれるお客様、一流へと成長していくお客様とママやホステスとのやり取りを目の当たりにしてきました。

銀座のママや評判のよいホステスは、お客様を立てるのが抜群に上手です。

「人を立てるプロ」といっても、過言ではありません。

黙ってニコニコして座っているだけでは、お客様から応援されるホステスにはなれません。時折「すごーい」と絶賛するだけでも同じです。応援されるホステスになるためには、先にお客様を応援する経験の積み重ねが必要なのです。

冒頭にお伝えしたように、応援することは相手を尊重することです。お客様を尊重して、損得勘定なく応援するホステスこそが、お客様から応援されて愛されるのです。

それでは、お客様を応援する姿勢とは一体どんなものでしょう。

お客様は接待以外のときは、**「癒されたい」**と思ってお店に足を運びます。つまり、話を聞いてもらいたいのですね。

な〜んだ、それなら答えは簡単。お客様を主語にして「7対3の法則」で聞き役に徹し、共感言葉と承認言葉で立てればいいんだ。そんなふうに思いますよね？

確かにそれは正解です。ですが、銀座に来られるお客様はプライドが高く、中にはそのプライドから気難しさが表に出てしまい、お客様自身の弱音に対して「君はどう思う？」とホステスに質問を投げかけてくることも多々あるのです。

そんなとき、「わかります」「大変ですね」と、謙虚な姿勢で共感するだけでは、お客様の心を掴めません。もちろん、自己主張が強く出すぎてもいけません。

お客様を引き立てるホステスという立場を忘れず、客観的な意見として「私はこう思います。**お客様ならできます。がんばってください**」と、ここぞという瞬間に**さらりとカツを入れられる**ホステスこそが、お客様から一目置かれて応援してもらえるようになるのです。

誰だって気難しい人を立てるのは苦手なものです。キャリアのあるホステスでさえ、実は内心ヒヤヒヤしながら接客することもあるのです。

ですが、少し気難しいお客様ほど、上客になる可能性を秘めているものです。

なぜなら気難しそうで近よりがたく見える人は、人から意見を言われることに慣れていません。なので人から意見を言われてさらりとカツを入れられると、そのメリハリのつけ方が新鮮で、グッと心を掴まれてしまうのです。

職場など身の周りにいる気難しい人との人間関係で、ご参考にしていただければうれしいです。

口説きは断らずに、上手にはぐらかす

夜の銀座の粋な対処法

前の項目では銀座のママや評判のよいホステスが、お客様を立てるのがプロ級で、「ここぞ」のときにはカツを入れられるホステスが、お客様から一目置かれるということをお伝えしました。

この項目では銀座ならではの、粋な接客術をご紹介しましょう。

これは**ちょっとしたマル秘術**です（笑）。

銀座のクラブに来られる常連のお客様は、めったにホステスを口説きません。

なぜなら、常連のお客様の目的はホステスに会うことだけではないからです。

あくまでも私の知る限りですが、常連のお客様の目的は気持ちよく得意先を接待することや、日々社会の中で戦っている同志として、ママやホステス、ときには黒服の顔が見たくて来店するのです。

ウイットに富んだユーモア溢れる男性の中には、銀座で粋な会話を楽しみたいと思っていらっしゃる方が多いものです。そうした男性は心に余裕があるため落ち着いた雰囲気があり、決してガツガツしていないのが特徴です。

そのため、お気に入りのホステスがいても、まるで娘や妹を応援するかのごとく出勤前に時々、夕飯を食べるくらいで、そこには疑似恋愛のカケラも見えません。もしかしたら見せないように努力しているのかもしれませんが（笑）。

そうはいっても、お客様も生身の人間です。めったに口説かないお客様であっても、その「めったに」が起こるときがあるのです。

「○○ちゃん、少しリフレッシュしたほうがいいと思うから、今度温泉行かない？」

「この前、海が好きだって言っていたでしょう。海が見えるプライベートルームで、美味しいもの食べて息抜きしませんか?」
「今度海外に行くのだけれど、よかったら一緒に来る?」
など、ゆっくりした口調ながらも、突然ストレートに誘ってくるので驚きます。めったに口説くことがないだけに、かえって印象も強烈です。その表情からも、並々ならぬ本気度が垣間見えることがあります。

このような突然のアプローチに、慣れないホステスは「忙しくて、ちょっと行けないです」と、つい真剣な表情で真面目に答えてしまいます。

それも無理のないことです。

少し接客に慣れてきたホステスだと、「うわ〜素敵ですね。行きたいけど残念、しばらくは行けないです」と、笑顔でお客様を立てながらさらりと断ります。お客様も「あ、そう」とか「フラれちゃったか」とか言いながら苦笑いですみます。しかし、ここから上手に別の話題に変えていかないと、しばらくは少し気まずい、違和感のある雰囲気が続いてしまうことがあります。

それでは、人気の高い評判のホステスはどうでしょうか。

心では汗をかいていても、表立ってはお誘いを断りません。

「え、断らないの⁉」と驚きますよね。

まさにそれが、マル秘術なのです！

断りはしないのですが、**その代わりちょっと粋な相手の立て方をして、口説きを上手にはぐらかせてクローズさせるのです。**

もちろん終始笑顔で、一瞬たりとも顔色は変えません。

「すごくおモテになるお客様が何をおっしゃいますか！」と、**相手がモテることを伝えながら（ここポイントです！）、プチ調教する**のです。

すると、大抵のお客様は「モテないよ、僕は」と言ってこられます。

ホステスはさらなる笑顔で「そんなご謙遜を（笑）。お店の女の子は皆○○さんの大ファンですよ。○○さんったら本当に謙虚で素敵ですね」とかわします。

そして「そんな素敵な○○さんに乾杯！」と言って、それ以上その話題にならないような楽しい雰囲気に流れを変えていきます。

ちょっとアグレッシブな乾杯ですが、お客様は完敗です（笑）。

そうそう、アグレッシブといえばあるお客様のことを思い出しました。

常連のとても優しいお客様が酔った勢いで「あなたはいつになったら僕と旅行をしてくれるんですか」と言ってこられたことがありました。

このとき私は「努力が足りない（笑）。あと100回お店に来てくれたら考えます」と言ってお客様を仰天させたのです。

今思うと、ずいぶん強気なことを言ったものです（汗）。

優しいお客様は「あと100回？　こりゃ参ったなあ～」と言いながらママを呼び、「あと100回来なさいって言われちゃったよ」と笑って、話を流してくれました。

えっ？　結果ですか？

お客様が100回ご来店する前に、私は銀座を卒業しました（笑）。両親の介護があったためです。

最後に、銀座のママの魔法のようなトーク術を特別にお伝えしましょう。

ママも当然、お客様に口説かれることがあります。

そんなとき、ママは「私のこと、運命の女性だと思ったの？」と逆質問するのです。当然お客様は「そう、ママは運命の人だよ」と答えます。

するとママは「運命の赤い糸？」と聞きます。

「そう、赤い糸だよ」とうれしそうに答えたお客様に、ママはさらりとこう言うのです。

「赤といえば、赤ワイン。じゃあ、お祝いに赤ワインで乾杯なんていかが？」

さすがはママです！

すっかりママの魔法にかかってしまったお客様は、赤ワインを頼まないわけにはいかなかったのです（笑）。

夜の銀座流マナー 3つの「ない」

「腹・音・聞き耳」を立てない

評判のよいホステスの特徴は、何を置いても言葉遣いと所作が丁寧なことです。丁寧な言葉遣いには品格が感じられますし、ゆっくりと落ち着いた所作は優雅に見えるものです。

「銀座は男性のステイタス」と言われるだけあって、お客様も丁寧で行き届いた接客のもと、ゆったりした気分で会話を楽しみながらお酒を飲みたいのです。

丁寧な言葉遣いは、接客の基本です。

「はじめまして。○○子と申します」「何をお飲みになりますか?」

常連さんには「またお目にかかれて、うれしいです」「いつもありがとうございます」と、おもてなしの言葉をかけます。

相手に粗雑な印象を与えないように、特に語尾には気をつけて、微笑みながらゆっくりと話すため、品格が感じられるのです。

言葉遣いが丁寧な人は、それだけで何倍も素敵に見えるものです。

私が学んだホステスの心構えに、**「お客様を立てるために、自分を立てない」**がありました。さて、自分の何を立てないと思いますか？

正解は、**「腹を」立てない、「音を」立てない、「聞き耳を」立てない**です。


最初に、腹を立てないから説明しましょう。

お客様の中にはまれにですが、平気で嫌なことを言ってくる人がいます。

そんなときでも、腹を立てず笑顔でその場を乗り切るのです。

もちろん、あまりにもひどい、程度を越えた暴言の場合はママの出番となりますが、すぐにカッとなって感情的に言い返さないようにしましょう、ということです。

次は、音を立てないです。

水割りなどのお酒をつくるとき、できるだけ音を立てないように気を配り、お客様の手元にもそっと置きます。

カフェでお茶やランチをするとき、お店の人にお水の入ったグラスをコンッと音を立てて置かれると、少し乱暴な印象を受けないでしょうか。コースターぎりぎりに静かに置けば、そんな音を立てずに置くことができます。

銀座のお客様は、ホステスや黒服の所作をよく見ています。それだけに、音を立てないように動くことは大切なマナーだったのです。

席を立つときは「ちょっと失礼いたします」と言って静かに腰を上げ、戻ってきたら静かに座ります。

歩くときも、ヒールの音をカンカンさせないように、またはドタドタしないでゆっくりと歩きます。

御手洗いやロッカーのドアを閉めるときも、静かに閉めます。「バン！」と大きな音を立てないように、いつも意識していました。

最後は、聞き耳を立てないです。

銀座では、隣のテーブルのお話に聞き耳を立てないことも大切なルールでした。いわゆる「耳をダンボ」にしていては、目の前のお客様との会話に集中することはできません。

うわの空で接客をしているようでは、お客様によい印象を持ってもらうのは無理というものです。

お客様を立てるには、「腹を立てない」「音を立てない」「聞き耳を立てない」。この3つを意識しておけば、接客業のみならず、さまざまな場面で大人のマナーとしても役立つでしょう。

第2章

「聞く、書く、動く」で、相手を立てる

——すぐできる習慣

話す前に、相手の名前を入れる

心の距離を縮める工夫

「ネームコーリング」という言葉があります。

挨拶の冒頭や会話の中で相手の名前を入れることで、相手は名前を言ってくれた人に対して好感を持つという、心理上の効果をいいます。

確かに初対面や面識が浅い人から、自分の名前を入れて声をかけてもらったり、話をしてもらったりすると、うれしい気持ちになりますね。自分の存在を認めてくれているような気がして、相手に親近感を抱くのかもしれません。

最近の職場では部下の育成プログラムでも、ネームコーリングを取り入れる企業が増えています。特に、新入社員や中途入社してきたばかりの人、他の部署から異動してきて新しい環境に置かれた人は、不安な気持ちでいっぱいです。

そんなとき、上司や先輩が「○○さん、おはよう」「○○さん、今日もよろしくね」「おつかれさま、○○さん」と、名前を入れて話しかけてくれたら、さっそく**仲間として受け入れられたような、心が温まる体験**になるでしょう。

職場の習慣にもよりますが、さらに「○○ちゃん」など、チームの大切な一員であることを象徴するニックネームで呼ばれるようになれば、**チームへの帰属意識**がより一層高まるものです。ミスをして注意を受けたときでも、トゲがあるようには感じられないでしょう。

リクルート時代の上司も、部下のミスを指摘するときに名前やニックネームを最初に言っていました。

「○○さん、資料いつできる？」

「○○ちゃん、すぐに報告してくれないと困るでしょ」

もしこの会話の中に、名前がなかったらどうでしょうか。

「資料いつできる？」

「すぐに報告してくれないと困るでしょ」

推して知るべし、ですね。


相手を上手に立てる人は、日ごろからまず相手の名前を言ってから話をします。最初に相手の名前を言うことで、その人を立てているわけです。

「○○さん、おつかれさまです」「○○さん、今日も素敵ですね」「○○ちゃん、今日もファイトね！」「○○さん、お昼ですか？」「○○さん、何を食べてきたのですか？」


話の出だしを相手の名前にして、相手との心の距離をぐっと縮めてみましょう。

他の人の前で、相手をさりげなくほめる

思わずうれしくなる気遣い

「こちらは○○さんです」

友人や知人が、誰かに自分を紹介してくれる場面を想像してみてください。

そのときに、「こちらは○○さんです。○○さんはとてもがんばり屋さんなんです」「穏やかで心の広い人なんです」「明るくていつも元気をもらっているんですよ」などと、**ほめ言葉が後から続いてきた**としたら、気分が上がりませんか？

例えば大勢の前で、「○○さんは素晴らしい」「○○さんを見習いましょう」とほめられたらどうでしょうか。うれしさは感じるものの、その場にいる人たちや自分にも同調圧力がかかったようで、何となく素直に喜べないかもしれません。

しかし3、4名程度の少人数の中での「ほめ言葉」なら、自分の価値が目の前にいる人たちから認められた気がして、素直に喜べることでしょう。

私の師にあたる研修講師の先輩は、交流会などで私に誰かを紹介してくださるときに、**必ずその人をほめて紹介しています。**

「こちらは○○さん。学生時代はラグビーでかなり活躍したそうですよ」

「こちらは○○さん。いつもセンスがよくて、ひそかに私のオシャレの先生なんです」

こんな感じで、さりげなく相手のいい所をほめるのです。こんな「ほめ言葉」とともに紹介された人たちは、照れながらもうれしそうにしています。

自分の価値を他人から認めてもらって、喜びを感じない人はいないでしょう。誰かの前で、友人や知人が自分のことをほめてくれれば、それを聞いた他の人からも自分が認められることになります。

特に相手が初対面のときは、はじめて会った人から一瞬で自分を認めてもらえた気がして、**自己肯定感が一気に高まる**のです。

人をさりげなくほめて紹介する先輩の研修講師に、私のこともほめて紹介していただいたことがありました。そのとき、自分が**「社会的に認められた存在なんだ」という明るいポジティブな感覚**を持つことができて、自信がみるみる湧いてきたのを覚えています。

プライベートでも仕事でも、相手を立てるのがうまい人を観察してみましょう。その方は人を紹介するときや少人数での会食などの場面で、他の人がいる前でさりげなく、その場にいる誰かを必ずほめているものです。

この習慣をぜひ取り入れて、実践してみてください。

「集中して聞く」姿勢が信頼を生む

話の腰を折らない

人の話をよく聞く人は、**相手の話に深く集中しています。**深く集中するのは、相手が発する言葉を聞き逃さず、話す内容をしっかり理解しようと努めているからです。

人の話をよく聞く人は、相手が話している最中は、たとえ自分の考えが違っていても決して話の腰を折ることはしません。

感情をむき出しにして畳みかけるように自分の意見を言ったり、違う話題を出したりすると、せっかくの話の流れが止まってしまうことをわかっているのです。

話の流れを止めてしまうことは、相手に失礼になるだけでなく、本来なら聞けたはずの貴重な話題や情報を聞き逃すことにもなりかねません。
もしかしたら聞けなかった話の中には、あなたが抱えている課題を解決する有益なヒントがあったかもしれないのです。

人の話をよく聞かない人は、うわの空で聞いてしまっています。
相手が話をしているときに目をそらしたり、周りを見たりしてしまうのですね。ひどいときには、首を回してポキポキ鳴らしたり、貧乏ゆすりをしたりして落ち着きがありません。たとえ相手の話に興味が湧かなくても、こうした動作は控えなくてはなりません。
これでは相手を立てるどころか、相手が腹を立ててしまいます。

そうはいっても、人見知りで相手の目を見て話を聞くのが苦手という方もいることでしょう。そんな場合は、前もって相手に伝えておくといいのです。

「実は私、人見知りなのですが、○○さんのお話はきちんと聞いています」

と前もって言っておけば、相手に誤解を与えなくてすむと思います。

相手の話を集中して聞く姿勢からは誠実さが伝わってきて、相手から好感を持たれるものです。

体を相手の正面に向けて、相手の目を見て話を聞きましょう。時々、相手の口元やあごのあたりを見て、目線を移動させるといいでしょう。

相手の悩みや大切な内容の話のときは、姿勢を前のめりにして聞けば、あなたの真剣さが伝わります。

背もたれにデーンと背中を預け、足を投げ出すような姿で話を聞くのは絶対に控えましょう。

話を集中して聞いているあなたの姿は、きっとあなたの好感度を上げてくれることでしょう。

話すスピードは、相手に合わせる

相手が聞きやすいように

皆さんは、自分が話すときのスピードを意識したことがありますか？

「意識をしている」と答えた人は、相手の立場に立って、相手が聞きやすい会話を心がけているわけですから、とても素晴らしいことです。少なくとも会話の中で、相手を立てようとする気遣いを働かせていることがわかります。

「意識をしていない」と答えた人も、がっかりすることはありません。

実際のところ、自分が話すスピードを意識していない人のほうが圧倒的に多いものです。

かくいう私も、昔は話すスピードを意識していませんでした。転機になったのは30代後半でシングルマザーになり、営業の仕事と接客業を通してたくさんのお客様と話をする機会が増えた時期でした。さまざまなお客様との体験を経て、相手の話すスピードに合わせる大切さを実感したのです。

直接のきっかけは、極端に早口の方にインタビューをした出来事でした。録音機を持参していなかったこともあり、早口のお話を聞き取るだけで精いっぱいで、へとへとに疲弊したのを覚えています。高速で話す相手に合わせて、自分も速度を急ピッチに上げて話さなくてはなりませんでした。それでエネルギーを消耗して、くたびれてしまったのです。

私はこの経験を、反面教師にすることにしました。人と話をするときには、夢中になってつい早口になっていないかと常に自問自答し、相手が聞き取りやすいスピードで話すことを意識するようにしました。

ゆっくり話をする人には自分もゆっくりと話すようにして、少し早口で話す人には、自分もできる範囲で話す速度を上げてみる。聞き取れないほどの早口の人には、「大変恐縮なのですが、少しだけ話すスピードを落としていただけたら助かります」と勇気を出してお願いをしてきました。丁寧な言い方でお願いをすれば、大抵の人は話す速度を落としてくれます。

言いづらいかもしれませんが、聞き取れなくて後々困ることになっては元も子もないので、思い切ってお願いしてみたほうが賢明です。

車を運転する人なら、道路標識をイメージしてみるとわかりやすいかもしれません。

この道（人）は、最高速度（話す速度）が40キロだから、少しゆっくり走ろう（話そう）。こちらの道（人）は、60キロだから、少し速く走ろう（話そう）。

こんな感じです。

もちろん、最低速度を示す標識もありますね。

ゆっくりすぎても周囲が困ってしまうのは確かです。誰もが経験によって運転に慣れていくように、相手に合わせた最高速度と最低速度を意識して話していけば、いつの間にか相手に合わせた話し方ができるようになるでしょう。

相手が「答えやすい」質問をする

話を引き出すコツ

人の話をよく聞く人は、集中して相手の話を聞くことは前に説明しました。

それに加えて、人の話を集中して聞く人は、ひととおり話を聞いた後に**よく質問します。相手の話の理解を、より一層深めようとする気持ちがあるから**です。

仕事でもプライベートでも、相手の話した内容からわからないことや知りたいことを見つけて「一点、質問があるのですが」「教えていただきたいことがあるのですが」と問いを発して、掘り下げて聞いていきます。

例えばそれが相手の専門分野や得意分野であれば、「自分の話に興味を持ってくれた！」とうれしい気持ちになり、喜んで話をしてくれることでしょう。

日帰り旅行に行ってきた話を聞いたなら、お天気や食べ物など、**相手が答えやすいことを質問**すれば、そこを起点にまた会話が広がっていきます。

「お天気はよかったですか?」「美味しい食べ物はありましたか?」など、相手が返答しやすいトピックを選びましょう。スマートフォンで写真を見せてもらったなら、チラッと見て「へえ~」だけで終わらせるのではなく、画面をきちんと見て、そこに写っているものにフォーカスした質問をすれば、相手の心に楽しかった思い出がみるみる蘇ります。

楽しかった思い出が蘇ると、話をする人の気持ちもますます上がりますね。

このように、相手が答えやすいことを質問すると、会話が盛り上がるのです。相手も、答えやすい質問によって話を引き出してもらうと、心の距離がグッと近くなった気がして、うれしくなるものです。これは、カウンセリングや介護の現場でも実証されています。患者さんが興味を持っている分野について、答えやすい質問をしながら会話を進めるのがセオリーだそうです。質問と傾聴ですね。

最後に、プライベートなことを質問する場合のコツをお伝えしましょう。

プライベートなことはダイレクトに聞くよりも、**先に自分のことを話してから聞くと、相手は答えやすくなります。**


例えば住んでいる場所について質問するとします。

いきなり「〇〇さんはどこに住んでいるのですか?」「どの沿線に住んでいるのですか?」と質問するのではなく、「私は浅草に住んでいるのですが、〇〇さんはどちらのあたりにお住まいですか?」「私は〇〇沿線に住んでいるのですが、〇〇さんはどの沿線ですか?」と、先に自分の個人情報を伝えてから聞くのです。

すると、「私は〇〇に住んでいます」「私は〇〇沿線です」と、相手は格段に答えやすくなるでしょう。質問してきた人が自分の情報を教えてくれたことで、安心するのかもしれません。

相手を上手に立てる人は、答えやすい質問をしながら相手の話にうまく乗っていくのです。皆さんもどんどん質問をしましょう。

そして、答えてもらったら**感想を伝える**ことも忘れないようにしてくださいね。

「相談」を通して、信頼関係を深める

相手の自己肯定感も高まる

相談をすることは、相手を立てていることにつながります。なぜなら、**相談することは、相手を信頼している証拠**だからです。

多くの人は、相談されたり頼られたりするとうれしくなります。

相談されることとイコール自分の存在価値が相手から認められることですから、「人の役に立った！」と、自己肯定感が高まるためです。

自己肯定感が高まると、「その人の力になりたい」という心理が自然に働きます。中には「どんな些細なことでも相談にのるから、話してみて」と、より一層親身になって力になろうとする人も出てくるでしょう。

私はどちらかというと、あまり人に相談をしないタイプでした。「誰かに話したところで解決しないだろう」「どうにかなるさ」「悩んでいても仕方がない」という、よくいえばポジティブすぎて、悪くいえばドライすぎていました。また、悩みを話すと場の空気がネガティブになってしまうのが嫌で、避けていたのかもしれません。

しかし、仕事や将来への不安がつのったまま過ごしていたある日、たまたま連絡をいただいた人生の先輩とランチをすることになりました。食事が終わってお茶が運ばれてきたタイミングで、思い切って悩みを打ち明けてみたのです。するとと、先輩から**自分では気づかなかった視点から貴重な意見**をいただき、今まで接することのなかった情報も得ることができました。

そして何よりも、それまでの心の負担が嘘のように軽くなったのです。御礼と感謝の言葉を伝える私を見て、人生の先輩は喜びに満ちた表情をされていました。

誰かに相談することは、決して恥ずかしいことではありません。

もちろん誰かれかまわず悩みを打ち明けるのではなく、「この人に話を聞いてもらいたい」「この人ならよいアドバイスをもらえるかもしれない」と思える人に相談することが大切です。

特に自分ひとりの力では解決できない問題に直面したときなどは、思い切って誰かを頼りましょう。自分の心の負担を軽くすることができ、孤独感も軽減することができるでしょう。

人を頼って相談することは、自分自身によい結果をもたらすのはもちろん、相手の自己肯定感を高めて、信頼関係を深める効果ももたらしてくれるのです。

ときには思い切って相手を頼り、相談してみることをお勧めします。

相手を立てるメール・LINEの書き方

このひと言が心に響く

目の前の相手の顔が見えない、声も聞こえない状態だと、お互いの表情がわかりませんね。

それだけに、見えない相手に送るメールやLINEは誤解を生まないように心がけたいものです。

「言葉をつくす」

私はこの慣用句が好きです。

メールでもLINEでも、相手の顔を思い浮かべながら言葉を選んで、相手に寄り添った表現で思いを伝えれば、自分の人となりが相手に伝わると信じています。記録として残る文章からも、人柄が読み取れるのです。

得意先に、人の心を掴むメールを送ってくださる女性がいます。

その女性はイベント会社で総務兼広報の仕事をしています。彼女からメールをいただくたびに、繰り返し読みたくなるほどグッとくるのは、**言葉の端々に相手を立てる思いやりが感じられる**からです。

例えば、打ち合わせやイベント前日には必ずリマインダーメールを送ってくださいます。そこには、念を押すという高圧的な印象ではなく、当日気持ちよくスムーズに進行できるように、お互いに忘れ物がないようにしましょう、という配慮が伝わってきます。

実際にいただいた内容を一部紹介しますね。

「お打ち合わせの際にご共有をさせていただいた内容となりますが、改めてご確認していただけましたら幸いです。弊社が準備するものは〇〇と〇〇でございます。森様には、パソコンをご持参いただければ大丈夫でございます」

「弊社が準備するものは」と、彼女自身の会社が準備する部分を先に示すことで、相手を立てていることが伝わってきます。以前、講師業の先輩から、忙しさのあまりうっかりパソコンを忘れてしまったという大失態を聞いたことがありました。明日は我が身になってはならぬと、持ち物を知らせていただくリマインダーメールは、とてもありがたく助かる配慮だと感じています。

そしてリマインダーメールの最後は、「お会いできますことを楽しみにしております。もし道に迷われましたら、下記電話番号までご連絡くださいませ。どうかお気をつけてお越しください」と締めくくってあります。道に迷ったときの対処策に触れていて、道中の無事を案じてくださっていますね。

打ち合わせやイベントが終わると、会社を出る際に挨拶をしたばかりなのに、まもなく御礼メールが飛び込んでくるから驚きます。

「本日は誠にありがとうございました。お帰りの際も、道中お気をつけください」
「いただきましたご縁に感謝申し上げます」
「御礼のご連絡となりますので、ご返信には及びません」

いかがでしょうか。ため息が出るほどグッと心を掴まれるのは、私だけでしょうか。

「自分にはとても無理」「言葉を選ぶだけでも時間がかかりそう」

そのように思う人はたくさんいるかもしれません。

でも心配はいりません、大丈夫です！

確かに最初は時間がかかるかもしれませんが、必ず慣れてくるものです。そのため、**最初はワンフレーズだけでいいのです。**

例えば、いつもの「本日はありがとうございました」に、「このたびのご縁に感謝いたします」を加えるだけでもいいですし、「御礼のご連絡ゆえ、ご返信は不要でございます」「ご多忙だと思います。どうかご返信のお気遣いをされませんように」など、相手の負担を軽減する言葉も、優しく相手を立てています。

たまに連絡をする友人や知人へ送る場合は、「今日は本当にありがとう。改めて○○さんとのこのご縁に感謝」「返信は不要よ」と、言い回しをカジュアルにすればいいのです。ＬＩＮＥなら、スタンプを活用するのも効果的でしょう。

そして、メールやＬＩＮＥの最初または最後にちょっとした雑談を入れて相手を上手に立てることも、印象をワンランクアップさせるコツです。

リクルートの営業先や銀座のお客様へよくメールで書いていたのが、**過去にお客様が話していた内容に関する出来事**でした。

「先日テレビを観ていたら、温泉特集をやっていて、思わず○○様を思い出しました。確か先日、温泉めぐりが好きだとおっしゃっていましたね」

「今日外出したら、たくさんのワンちゃんがいて可愛くて元気をもらいました。○○さんのワンちゃんもお元気ですか？」と、このような感じです。

相手が話していたことを題材にして書くには、過去の会話を覚えておく必要があります。私は初対面でいただいた名刺の裏に、忘れないように色々とこっそりメモしていました（笑）。

「よく覚えている」ことは、相手に**ちょっとした感動と元気**を与えるのです。

過去の会話から適切な題材が思い当たらなかったら、その日の気候に食べ物や飲み物を添えた話題でもいいでしょう。

「今日はちょっと気温が低いですね。温かいスープが飲みたくなりますね」なんてメールをいただいたら、食いしん坊の私はうれしくてコンビニに走りそうになります。

そして、「○○様からのメールで飲みたくなって、コーンスープを買ってしまいました」と、返信をするでしょう。

まだ面識が浅く、これから信頼関係を築いていくには、要件だけのメールやLINEよりも、**言葉をつくした思いやりあるメールやLINEのほうが、相手との心の距離が近くなる**ことはどうやら間違いなさそうです。

メールやLINEの返事を急がせない

この気遣いが信頼を生む

メールやLINEを送った相手に、**返事を急がせないのは大切なマナー**です。

相手は忙しくて、返事をするまでにどうしても時間が必要なケースがあるでしょう。返事をするのを決して忘れているわけではなく、目の前の要件がひと段落したら返事をしようと思っていることが意外と多いものです。

日本人には、物事を早くすませないと気がすまない「せっかちさん」が多いようです。例えばエレベーターに乗って、行先ボタンと閉まるボタンを押したとしましょう。ドアがすぐ閉まらないと、もう1回閉まるボタンを押す人は、ちょっとせっかちです。その押し方に怒りが込められていると、結構せっかちです。連打する人は、かなりのせっかちです。連打しても早く閉まるわけではないのですから（笑）。でも、気持ちは何となくわかりますね。

サッと降りてスマートに行動できたら気持ちがいいですよね。効率よく一日が過ごせそうな気がします。ですが、メールやＬＩＮＥの場合は相手がいるわけですから、想像力を働かせて、しばらく待ってみましょう。

特に、相手が恋人や家族の場合は「何で返事がこないのか」ではなく「何で返事をくれないのか」という思いになりがちです。すると「大丈夫？」「ＬＩＮＥ送ったよ」と、急かすようなＬＩＮＥを再送してしまいがちです。

さらにせっかちに心配がプラスされると、既読がついても「ＬＩＮＥ読んだ？」と電話までしてしまいます。何かあったのかと心配する気持ちはわかりますが、緊急でない限り、まずは待ってみることが相手の状況を慮《おもんぱか》ることになると思います。

相手の状況を慮ることができる人は、相手を上手に立てることができます。

自分の都合だけで物事を進めないため、相手にストレスを与えません。

決して焦らず、落ち着いたコミュニケーションを取ることができるので信頼されるのです。

そして相手の気持ちを慮る人は、すぐに返信ができない内容のメールやLINEをもらったとき、**返事が遅れることを一度伝えます。**返事が遅れたら心配するかもしれないと、相手の気持ちを慮るのですね。「連絡ありがとう。今、手が離せないので後ほどきちんと返信しますね」「今バタバタしているから後でLINEするね」と、ひとまずそれだけを伝えて、送り主を安心させるのです。

加えて、相手の状況を慮る人は、忙しい人にメールやLINEを送るとき、**「お返事は時間のあるときで大丈夫です」「お時間あるときに読んでもらえれば大丈夫です」**と、ひと言添えます。このひと言があるだけで、受け取る人の気持ちは変わります。忙しい自分の状況を理解してくれているのだと安心し、ひととおり落ち着いたときに、きちんと返事をしようと思うのです。

メールやLINEの返事を急がせず、安心感を与える。相手を上手に立てる方法のひとつとして、身につけておきたいですね。

大切な人を守るために

注意力を高めて、周囲に気を配る

相手を上手に立てる人は、家から一歩外に出ると**注意力を働かせるために全身のアンテナをピンと立てます。**

たとえスマートフォンが圏外になっても、全身のアンテナは常に全開です。

例えば駅のホームでは掲示されているポスターに目をとめ、電車に乗ったら展覧会や新刊書籍の車内広告をチェックしています。

よほど疲れていない限りは、電車内で寝てしまうことはありません。

そんな日々の積み重ねによって、「よく気がつく人」へと変化していくのです。

よく気がつく人は、**広い視野をキープ**しています。

電車で席を譲ることができる人、ベビーカーの乗降で苦労している女性にさっと手を添えて助けてあげられる人……いずれも、広い視野の賜物《たまもの》です。

アンテナをしっかり立てて広い視野を保つように心がけていると、外の世界を観察する力が磨かれていくものです。

見知らぬ人への親切な行為の背景には、こうした**変化に気づく力、観察する力**があるわけです。

周囲に気を配ることができる人は、自分の大切な人を守ろうとするとき、より一層注意力が高まります。

例えば大切なパートナーとデートをしているときに、ガードレールがない道を歩き始めたとしましょう。周囲に気を配ることができる人は、後ろから車や自転車が来る気配を感じたら、さりげなく車道側に移動してあなたを守ってくれるでしょう。

ガードレールのない道を歩くのは危険ですよね。車と接触しないように守ってくれる行為からは、**大切な人への愛情**が感じられます。周囲に気を配れる人は、危険な道を子どもや高齢者と歩くときも、同じように守ってくれることでしょう。

日ごろから周囲に気を配って、大切な人や自分よりも力や立場の弱い人を守ろうとする人は、それだけ相手を立てていることにつながります。

注意力を高めて周囲に気を配る人を見るたびに、私自身も常にアンテナをしっかり立てていこうと、つくづく思うのです。

相手の健康を気遣う

体調を労るひと言を

体調を気遣う言葉をかけてもらうと、うれしい気持ちになりませんか?

「よけいなお世話だ」と思う人はいないと思います。特に何も感じないという人は、まだ健康のありがたみに気がついていないのかもしれません。

仕事をしている人もしていない人も、毎日がんばって過ごしていることに変わりはありません。睡眠不足などで、体調が思わしくない日もあるでしょう。

だからこそ、人は体調を気遣う言葉をかけてもらうと、**一瞬でも救われたような気持ちになる**のだと思います。

人を立てるのが上手な人は、そのことを理解しています。それなので、友人や知人に会ったとき、「体を壊さないようにしてくださいね」「がんばりすぎないようにね」と、相手の健康を気遣う言葉をかけるのです。
単なる社交辞令ではありません。本当に健康でいてほしいから、相手のことを心配するのです。

最近、私はあることに気がつきました。
人は**年をとるにつれて、聞かれないかぎりは自分の体調について話さないようになる**のではないでしょうか。特に久しぶりに会う相手に対しては、他の話題を優先してしまうこともあって、体調については触れずに終わることが多いようです。それだけに、会話の中でタイミングを見計らって相手の健康を心配すると、思わぬ事実が判明したりして、相手の気持ちを楽にすることもあるのです。

私ごとで恐縮ですが、昨年少し体調を崩した時期がありました。
幸い大事には至らなかったのですが、そのときはひどい痛みに悩まされて、3

日間点滴を受けに病院に通いました。

「健康を過信してはいけない」と強く実感した出来事だったのです。

それから数カ月して、リクルート時代の上司とランチをしたときのことです。

久しぶりの再会を喜び合ってから、頼んだ料理を待っていると、上司が「忙しそうだけど、無理しているんじゃないですか？　体調は大丈夫ですか？」と聞いてこられたのです。

あえて話さなくてもいいかなと思っていた体調のことを、先方からさりげなく尋ねてくれたことで、「実は……」と話してみました。すると、話しながら気持ちがどんどん楽になっていったのです。

上司は「それは大変だったね。痛かったでしょう」と労ってくれて、健康にいい食事や質のいい睡眠のとり方についても教えてもらうことができました。

その上司自身も、過去に体調を崩した時期がありました。健康のありがたみを実感しているからこそ、私を労る問いかけをしてくださったのだと思います。

それからは私も上司を見習うことにしました。

久しぶりに会う友人や知人には「体調は大丈夫？　無理していませんか？」と尋ねて、相手の健康を心配するようにしています。

すると「実は……」と、体調を崩してしまったことを話してくれる人が結構いたのです。話すことで、相手は気持ちが楽になるようです。どの人も笑顔が戻って、しばらく健康についての話に花が咲きました。


心配という字は、心を配ると書きますね。

相手の健康を心配することは、相手に心を配ることです。

人は、たとえちょっとした風邪であっても、体調を崩すと気持ちが弱くなるものです。

だからこそ、自分の健康を心配してもらえると、それだけで気持ちが楽になって元気になるのです。

相手の健康を気遣う心を、常日ごろから忘れないようにしたいですね。

口先だけでは、相手に響かない

「こびる」が効かない理由

相手を「立てる」のと、相手を「おだてる」、もしくは相手に「こびる」のは似て非なるものです。

なぜなら「おだてる」「こびる」は、「自分ファースト」の発想だからです。

相手をおだてる目的は、相手の気持ちを上げることなので、一見「立てる」と同じではないかと思うかもしれません。

「立てる」には真に相手を慮る思いやりの心がありますが、「おだてる」は**相手のご機嫌をとって自分がよく思われたい**という気持ちが先に立っているのです。

もちろん、おだてることを全否定しているわけではありません。状況によっては、おだてることが必要なときもあるでしょう。

例えば初対面や面識が浅い人に、まだ会話が本格的に始まってもいないのに唐突に「○○さんはすごい人ですね」と言ったとしましょう。

そのときの話し方にもよりますが、人を見る目がある人は、自分がおだてられていることに気がつくものです。相手が心優しい人なら、相手ファーストの精神で「そんなことないですよ」と言いながらも、おだてにのってくれるでしょう。

ですが、それ以外の人は、「私のことを深く知っているわけでもないのに、何をすごいと思っているのだろう?」と、おだてにのる可能性は低く、むしろ警戒される恐れがあります。口先だけのお世辞には、「相手ファーストの精神」が働かないからです。「お世辞は言わなくていいですよ」と返されるか、気まずい沈黙タイムに突入してしまうかもしれません。

これが「○○さんは部下に信頼されていて、すごい方ですね」「ポジティブに活動されていて、本当にすごいですね」などと、**すごいと思う部分を具体的に入れる**と、口先だけに聞こえないから不思議です。具体的な部分を示すと、その部分について本心からほめてくれていることが伝わるのでしょう。

現実問題として「立てる」と「おだてる」の線引きは、なかなか難しいですね。相手をほめるときは具体的な部分を明らかにするよう意識すると、口先だけのお世辞ではないことが伝わって、相手の笑顔が見られるのだと思います。

それでは、「こびる」はどうでしょう。

「こびる」と「おだてる」には、大きな違いがあります。それは、**見返りを求める気持ち**があるかないかです。

「こびる」には、相手からどこか見返りを求めているようなしたたかさを感じます。「ゴマをする」という言葉がありますが、それに近いかもしれません。

自分の利益を第一に考えているだけに、言動の端々に、頭をぺこぺこと下げたり、腰を低くしたりしているイメージが浮かびます。

こびる人は一見、世渡り上手のようですが、相手に気に入られたいその一心が裏目に出てしまうことも多々あるでしょう。こびるためには、自分の意見を封印しなくてはなりません。

何十年も前の時代には、上位者にこびるような世渡りが通用したかもしれません。しかし、現代ではそれではやっていけません。自分の意見をしっかり持っていて、それをきちんと伝えられる人こそ信頼されるのです。

企業の新卒採用では、自分の思っていることを的確に言える学生を求めていることからも、それが伝わってきます。

自分の意見をしっかり持っている人には、「こびる」はもちろんのこと「おだてる」も無縁と言っていいでしょう。

そんな人たちが、本心から相手を立てる方法を身につけていくことで、揺るぎない信頼関係が次々と生まれてくるのではないでしょうか。

「調子がいい人」の見抜き方

目線や表情に注目しよう

人を見抜く確かな目を持っている人たちは、「10秒もあれば、おおよその人間性がわかる」といいます。

そうした人はさまざまな人たちとの関わりの中で、ときに痛い目にも遭いながら苦労を重ねてきたからこそ、瞬時に人を見抜く力を身につけたのだと思います。

本心からではない単なるお世辞かどうか、こびているのかどうかを、挨拶やちょっとした雑談の中から見抜いてしまうのです。

以前、こんなことがありました。

研修講師の先輩に誘われて、異業種交流会に参加したときのことです。

軽い立食を楽しみながら、名刺交換が始まりました。

「ちょうだいいたします。○○様ですね」「○○業界なのですね」「出張も多いのですか?」などと会話が飛び交う中で、ひとりの男性がワインを片手に先輩と私に大きな声で挨拶をしてくれました。

名刺交換をして30秒ほど雑談をすると、「ぜひ今度飲みましょうよ!」と言ってその場を去っていきました。

すると先輩は「今の人はおそらく調子のいい人だね。見ててごらん、誰にでも同じことを言っていくと思いますよ」と私に言いました。意識して見ていると、確かに「ぜひ飲みましょうよ!」という大きな声が聞こえてきました。

初対面で意気投合して、また話をしたいと思えば、「ぜひ今度食事をしましょう」「飲みましょう」という気持ちになるのはごく自然なことです。

人脈を広げることが目的の交流会では、多少の社交辞令が必要になるのも確かです。

ですが先輩は、その男性を「調子のいい人」だと瞬時に見抜いたのです。
先輩曰く「**信頼できる誠実な人は、初対面のたった30秒くらいの雑談で、軽々しく『今度飲みましょう』とは言わない。**それに彼は、自信に溢れているようでいながらも、目を合わせなかった。それどころか目がすわっていて、話し方も少しヘラヘラした感じでしたよ」

多少のお酒は緊張をほぐす分には効果的ですが、目力《めぢから》を失った状態で初対面の挨拶をしていては、相手によいイメージを持ってもらうのはまず無理でしょう。

それに加えて、ヘラヘラした話し方で飲みに誘う言動にも、軽々しさを感じたのだと思います。

人を見抜く目を持っている人が注目するのは、**相手の目線や表情、話し方、返答の仕方**などです。

私もより一層、観察力を磨いていきたいと思っています。

思いやりは交互のバランスを大切に

「ゆずり合い」があってこそ

コミュニケーションは、シーソーにたとえるとよくわかります。

皆さんも幼少のころ、公園でシーソーで遊んだことがあるでしょう。

シーソーは、長い板の両端にそれぞれが座って、交代で地面を蹴りながら上下運動を楽しむ遊具です。

「ギッタン、バッコン」

自分がいったんさがると、相手が上にあがりますね。逆に自分が上にあがったときは、必ず相手が下にいます。乗り始めはちょっとぎこちなくても、リズムさえ掴めばお互いの笑顔も見られて、気持ちよく楽しむことができます。

最近はシーソーをあまり見かけなくなりましたが、バランス感覚と協調性を養いながらコミュニケーション力も併せて向上させる、優れた遊具だと思います。

さて、自己紹介をするときでも雑談をするときでも、自分が話したら相手の話を聞く姿勢をとることが良好なコミュニケーションのために大切です。

少し間をおいてみるとか、「○○さんは?」と質問をすることで相手は話しやすくなります。つまり、**ゆずり合いの精神**があってこそ、お互いに気持ちのよいコミュニケーションをとることができるのです。

先日、まさにゆずり合いの精神から生まれる、気持ちのいい場面に遭遇《そうぐう》しました。

知り合いのホテルの支配人と、あるお店でランチをしていたときのことです。

そのお店は随分前の日から予約しなくてはならないほどの人気店で、その日も満席でした。

お互いの近況を伝えあい、最初の料理を食べ始めたときでした。

支配人が座っていた椅子の背もたれに「ドンッ、ガシャ!」と、何かが強く当たった音がしたかと思ったら、「ガッシャーン」という大きな音とともに、ワゴンに乗っていたたくさんの食器が私たちの足元に落ちてきました。

他のテーブルの食器を片づけて運んでいたお店の若い女性スタッフが、ワゴンの操作を誤ってしまったのです。「すみません」と言って、あたふたしながら食器を手で拾おうとした女性スタッフに、支配人はこう言いました。

「気にしなくて大丈夫ですよ。ケガをしたら危ないですから、ゆっくり片づけてくださいね」

それを聞いてホッとしたのでしょう。

「ありがとうございます。お客様こそおケガはありませんでしたか？」と、真っ青だった彼女の顔に血のめぐりが感じられました。

その後、彼女は細かい破片を布巾で取りながら、「お騒がせしてしまって本当に申し訳ありません」と謝罪を重ねました。

支配人は「大丈夫ですよ。よくあることですからどうぞお気になさらないように」と、改めて彼女が安心するような言葉を伝えたのです。

私はというと、ワゴンから食器が落ちたときの大きな音で驚いて、お恥ずかしいことに声も出せずに一瞬で固まってしまいました。

支配人の懐の広さに感動しつつ、若い女性スタッフの心が落ち着いたことに安堵しました。

「今のスタッフは幸運ですね。もし支配人ではなくて、短気で気難しいお客様だったらどうなっていたか。支配人の部下の皆さんは、上司が支配人で幸せですね」と言ったら、「いやいや、今の若い人たちを育てるのは、なかなか大変ですよ」と、苦笑いをされるのでした。


もちろん、支配人も部下の育成にはご苦労されていることでしょう。

ですが、そのホテルにいつ足を運んでも、支配人の部下の方々は、「目標は今の支配人」の心意気で微笑みを絶やすことなく丁寧で行き届いた対応をしてくださいます。

常日ごろから、上下の立場による関係ではなく、**お互いに思いやりを表しながら**皆さんが仕事をしているからこそだと思われるのです。

「気に入られたい!」が強すぎると……

相性をふまえて冷静に

誰だって、人から嫌われるよりは好かれたいものです。

ですが、「好かれたい」「気に入られたい」という思いが強すぎると、それが裏目に出てしまうこともあるのが人間関係の難しさというものでしょう。

「好かれる・嫌われる」問題を考える際に、まずおさえておきたいのが**相性**です。

自分と相性が悪い人にいくら好かれようとがんばっても、残念ながらよい結果につながらないことが多々あるものです。つまり、相性の悪い人に気に入られよう、好かれようとして、自分が疲れるほどがんばる必要はないのです。

それでは、相性がいい・悪いはどこで判断すべきでしょうか。

直観力が冴えていて一瞬でわかる人もいれば、何度か会わないとわからない、という人もいるでしょう。

私が「相性がいい」と判断するときに大切にしているのは、**居心地のよさ**です。**この人の前だと落ち着ける、優しい気持ちになれる、この人といると楽しい、なぜか話を聞いてもらいたくなる……**こんな人が、私にとって居心地のよい人です。

皆さんも、自分と相性のいい人を思い浮かべてみてください。相性のよい人と一緒にいると、例えばイライラすることはほとんどないと思います。

それでは、相性は悪くないはずなのに、その人との人間関係がなぜかうまくいかないときは、どう考えたらいいでしょうか？

そんなときは、**相手に「気に入られたい」「好かれたい」という思いが強すぎる**ケースが多いようです。営業でも接客業でも、お客様や取引先から自分を選んでもらいたい気持ちを持つことは、もちろん悪いことではありません。ですが、その気持ちが強く出すぎるとどうでしょう。

本来相性がいいはずのお客様や取引先にも過度な期待やプレッシャーをかけてしまい、結果として、相手の気持ちが引いてしまうのです。

恋愛でも、同じことがいえそうです。

「あきらめずにアプローチをしてくる人には、魅力を感じる」という人は意外と多くいます。一途に思いを伝え続けてくれる人は、確かに素敵ですね。

特に女性だと、相手の本気の熱量に惚れてしまうこともあるでしょう。ましてもともと相性がいい相手ならなおさら、というものです。

しかし、相手が明らかに断っているのにもかかわらず、執拗にアピールを重ねるのは逆効果です。相手にとっては、迷惑以外の何ものでもないでしょう。

仕事でもプライベートでも、誰かに気に入られたいと思ってがんばっているのになかなか報われないとしたら、相手へのアプローチの仕方や、距離の取り方、その人との相性をもう一度考えてみて、再度建て直しをはかっていきましょう。

本心からの言葉に勝るものなし

軽い言葉と重い言葉

誰かに言われたほめ言葉のために、一瞬、うれしい気持ちになったものの、実はうわべだけのお世辞だったと後から気がついた……。誰でも一度はそんな経験をしているものでしょう。

例えば、アパレルショップの店員さんが言う「とてもよくお似合いです」は、お世辞のときがあるものです。特に売上の数字に気持ちがとらわれているスタッフに、その傾向が強いような気がします。

私があるお店に入ったとたん、店員さんが腰巾着のようについて回り、気になった服をちょっと見ただけで「お似合いですよ」と声をかけてきました。

隣の服に手を添えると、すかさず「それもお似合いですよ」と反応し、少し離れた場所にかかっている服に視線を移しただけでも、また「お似合いですよ」の声が追ってきます。

試着をしてみると、サイズ感も含めてあきらかに似合わないはずなのに、「ため息が出るほどお似合いです」と言われたときは、思わず失望のため息が出てしまいました（笑）。

本心から発せられていない言葉には、落ち着きがありません。

言葉に重みがないので、その「軽さ」が相手に伝わってしまうのです。

先ほどの例にあげた店員さんのように、どこか相手を急かすようなもの言いには、自己中心的な「悪しき欲」が潜んでいて、ゴマすりにしか聞こえないのです。

逆に本心からの言葉を大切にしている人は、「悪しき欲」を捨てています。

同じアパレルショップの店員さんでも、「お客様に満足して買ってもらえたらうれしい」という「いい欲」だけを持っているからです。

お客様が店内に来られたら、「いらっしゃいませ」「何かありましたら声をかけてくださいませ」とだけ言って、あとはそっとしておいてくれます。お客様がどうしたら、ゆっくり商品を見て回れるかをわかっているのですね。

試着をしたときも、本当に似合っていると思ったときだけほめます。「ちょっと似合わないな」と思ったら、お客様が似合いそうな服を持ってきて、「こちらの服はお似合いだと思いますが、いかがでしょうか」と提案してくれます。そして実際に試着してみて似合えば「やっぱりこちらのほうがお似合いです」と素直に言ってくれます。

その表情や話し方から、「この店員さんの言っていることは本当だ」と信じられるのです。

もちろん、けなされるのに比べたら、お世辞のほうが相手を傷つけることが少ないだけ、はるかにマシといえるかもしれません。

ですが、あきらかに本心からでないのがバレバレの言葉は、控えたほうが賢明なのです。

道をゆずるときもスマートに

身のこなしに人柄が出る

相手を立てるのがうまい人は、道のゆずり方も上手です。

数メートル先に、こちらに向かって歩いてくる人を見つけると、ぶつからないように歩きながら、さりげなく方向をずらします。

どんなに早足でも「このまま行けば間違いなくぶつかる」と思えば、さっと横に身をかわして相手に道をゆずるのです。

常に「相手ファースト」であるからこそ、相手とぶつかることがないのですね。

これが「自分ファースト」だとどうでしょう。

前方から歩いてくる人がせまっていても、「道をゆずれ」と言わんばかりの勢いで歩いていったら？　相手がタイミングよくゆずってくれたらいいですが、相手も自分ファーストだったら、間違いなく衝突してしまいますよね。もしくはぶつかる寸前で「あ〜もう」「チッ」と感じの悪い言葉を吐かれて、トラブルに発展してしまうことだってあるかもしれません。

そんなトラブルを防ぎ、自分を守るためにも、**自分から道をゆずる**ことを念頭に置いて歩きたいものです。

そうはいっても、お互いにゆずり合ってなかなか前に進めなくなることもありますよね。

四方八方から人が押し寄せてくる朝の東京駅で、私も何度か進めなくなった経験があります。あらゆる方向から人が来るので反射神経が追いつかないのか、左によけようとしたら相手も同じ方向へよけてきて、右によけると相手もまた同じ方向によけてしまうのです。

まるでバスケットボールのディフェンスのような動きをしてしまいました（笑）。

これが相手ファースト同士なら、お互いに笑いながら「すみません」といってディフェンスはすぐに解除されるでしょう。たまたま相手の機嫌が悪いときだったらと思うと、後からぞっとすることがあります。

さて、**ゆずり上手な人は、高齢者や小さなお子さん連れの人に順番をゆずります。**その光景は何度見ても気持ちがよく、感動すら覚えます。

朝のせわしない駅のエレベーターで、休日の混んだ百貨店のエレベーターで、開くボタンを押したまま「お先にどうぞ」と言って高齢者やお子さん連れの人を先に降ろして差し上げるのです。自分が先に降りたときでも、ベビーカーを押しているママがいれば、ボタンを押して、ベビーカーとママが閉まるドアに挟まれないように待ちます。こうした場面に出会うたびに、相手ファーストでなんて親切で優しい人柄なのかと、私も見習いたいと思うのです。

相手を立てるのがうまい人は、日ごろから、このようなことをさらりと自然に実践しているのです。

気持ちのいい、席のゆずり方

まず自分が立って声をかける

電車やバスの中で、自分よりも弱い立場の人に席をゆずる人は、**思いやりと行動力の両方がある人**です。

高齢の方や具合の悪そうな方が、立ったままでは大変だと想像はできても、疲れている自分を優先するあまり寝たふりをした経験は、誰でも一度はあるのではないでしょうか。

恥ずかしながら私にも何回か経験があります。

そんなときは、途中から必ず自分が自己中心的に思えて恥ずかしくなったものです。席をゆずろうかどうしようかと迷っているうちにタイミングを逃し、「なんて自分は不親切なのだろう」と自己嫌悪に陥ったこともありました。

それならさっさと席をゆずればいいものを、「どうぞ」と声をかける勇気が出なかったのも事実です。若気の至りとはいえ、今思えば反省しかありません。

そんな私に変化をもたらして、勇気を与えてくれたのは、電車やバスの中で迷うことなく席をゆずる人たちのすがすがしい姿でした。足腰がつらそうな高齢の方や、ケガをしている若者、赤ちゃんを抱っこした人やマタニティマークを付けている人に、「どうぞ」と感じよく声をかけているのです。

その人たちの特徴は、**自分がまず立ってから声をかけていた**ことです。

確かに、「どうぞ」と声をかけてくれた人がすでに立っていれば、相手はゆずってもらいやすくなりますね。

座りながら「もしよかったら座りますか?」と言われるより、あきらかに遠慮なく好意に甘えることができるでしょう。

こんなこともありました。

電車のシートに座っていた人が、数メートル先の窓際に立っているマタニティマークを付けた女性に気がつきました。

すると、自分が座っている席にサッと荷物を置いて「私はすぐ降りますから、どうぞ座ってください」と声をかけたのです。

妊婦さんは座っているほうが体調面も安心できて、気持ちも楽になります。「ありがとうございます」とお礼を言う妊婦さんの顔がホッとしていたのを覚えています。


少し離れている席に座っていても、立っているのがつらそうな人を見かけたら、**先に自分が立って「どうぞ」と声をかける。**目の前に立っている人だったら、さっと立って「どうぞ」と席をゆずり、遠慮して断られたら**「すぐに降りますから」**と言ってゆずる。

電車やバスの中で、自分から立って席をゆずれる人は、相手の立場に立って考えられる人です。つまり、相手を立てることができる人なのです。

補足になりますが、電車の中でうとうとしていたため、後から乗ってきて自分の目の前に立っている妊婦さんや高齢の方に気がつかないことが時々あります。

皆さんもそんな場面に遭遇することがあるかもしれません。

そんなときは、気がついた時点でさっと立ち上がり、「気がつかなくてごめんなさい。どうぞ座ってください」と言って席をゆずりましょう。

歩くスピードを相手に合わせる

この気遣いが感動を生む

自分より歩くスピードが遅い相手に、速度を落として歩ける人は、思いやりがあって素敵だなと思います。

「そんなの当たり前でしょう」と思う人がいるかもしれませんが、意外とできていないことが多いものです。

これは、話すスピードを合わせるのと同じ要領が当てはまります。

普段からゆっくり話す人が、早口で話す人に合わせるのはなかなか骨が折れますね。しかし、早口の人がスピードを抑えて話すことを意識すれば、ゆっくり話す人に合わせやすいのではないでしょうか。

歩くのも同じです。

ゆっくり歩く人が速く歩く人に合わせるよりも、速く歩く人がゆっくり歩く人のスピードに合わせるほうがやりやすいようです。


数年前、とても素敵な人に会いました。

その人は不動産会社の営業をしています。引越しを考えていた私は、地元の不動産屋さんに相談をして、担当となった営業マンにいくつかの物件を案内してもらいました。そのとき、その営業マンは目的地まで私の前を歩いて引率をしながら、何度も後ろを振り返って、私の歩調を確認してくれたのです。

営業マンは最初から速く歩いていたわけではありません。

引率をするのですから、むしろゆっくりしたペースで歩いていました。私の歩調も、ついていけないほどではありませんでした。

それなのに時々、振り返りながら歩いてくれる姿からは、**「きちんとついてきてるかな」「歩くスピードは大丈夫かな」**と案じてくれているようで、とても好印象だったのです。

「相手がお客様だから」と、このときだけやっているのではないことは、会話をしていてすぐに伝わってきました。

プライベートでも大切な人を引率するときは時々振り返りながらゆっくりと、そして並んで歩くときは、相手の歩調に合わせているその方の姿が目に浮かんだのです。

ひとりのときは、競歩のように早足でもいいかもしれません。

しかし誰かと一緒に歩くときに、相手が自分より歩くスピードが遅いと感じたら、歩調を合わせる気遣いができると素敵ですね。

話すスピードを合わせるのと同じく、歩くスピードを相手に合わせるのは、相手を立てることにつながるのです。

第3章

相手の心の扉が開く、「ほめる」の魔法

――ほめ方のすべて

「ほめる」と相手は優しくなる

相手から届く「ほめ返し」

コミュニケーションにおいて、「ほめる」がポジティブな効果をもたらしてくれることは皆さんも体験ずみのことと思います。

子どもが自己肯定感をはぐくみ、善悪の判断ができるようになるには「ほめられる」経験の積み重ねが大切だといわれています。

子どもだけでなく、大人も「ほめられる」ことで自信がつき、自己肯定感を高めることができます。

うわべのお世辞ではなく、**本心からほめてくれた人に対して、人は好意を持つ**ものです。それは感謝の気持ちも入り混ざった、親近感にも似た感情といえるのではないでしょうか。その親近感が、相手との心の距離を縮めてくれるのです。

別の観点からすると、ほめられることは、自分のよい部分を認めてもらうことでもあります。

「優しいですね」「親切ですね」とほめられたら、それは「優しくていい人ですね」「親切でいい人ですね」と、自分の人格のよい部分を認めてくれたことになります。人の感情は意外と単純なものです。相手に認められればうれしくなって、できるだけ優しい気持ちでいよう、親切でいようと思うものです。

さて、心理学では**「返報性」**という考え方がありますが、**ほめられた人は、ほめてくれた相手のことを自然とほめたくなります。**いわゆる「お返し」ですね。SNSで自分の投稿したものに「いいね!」がつくと、うれしい気持ちになって、相手の投稿にも「いいね!」ボタンを押してしまう気持ちに似ています。

「そんなふうに言ってくださる○○さんが優しいのです」「○○さんこそ親切です」など、思いがけず「ほめ返し」をしたくなるのが、人の心の仕組みなのでしょう。

世の中にもし「ほめる」という行為がなかったら、一体どれほど殺伐《さつばつ》とした社会になっていることか、考えただけでもゾッとしてきます。

ちなみに、日本人に比べて欧米の人たちは相手をよくほめるイメージがありますが、先日、海外生活が長かった友人に話を聞いてみました。

その友人がスウェーデンとデンマークに行ったとき、空港のスタッフからホテルやレストランのスタッフまで、初対面であるにもかかわらず、スーツケースや服装をとにかくほめてくださったそうです。最も驚いたのは、女性に道を尋ねたときに、その女性がネイルをほめてくれたことだと言っていました。

もしかしたら、感謝やほめるコミュニケーションをとることで、長く厳しい冬の寒さを温め合っているのかもしれません。

友人曰く、スウェーデンでは、**人をほめることこそが、トラブルや争いをなくすことにつながる**という考え方が広まっているのだそうです。

「ほめる」が争いをなくす第一歩だとしたら、その一歩をこれからも大切にしていきたいですね。

ほめられたら、素直に喜びを伝える

愛の相乗効果でハッピーに

相手からほめられたとき、皆さんはどんなリアクションをしていますか？

「うれしいです！」「ありがとうございます！」と素直に答えている人は、相手を上手に立てています。

その理由は、ほめた人も相手に喜んでもらえたことで、上機嫌になるからです。

「ありがとう」「うれしい」という反応が相手から返ってくれば、自分の思い（相手をほめた）が伝わったことが実感できます。

相手の気持ちがハッピーになったことがわかれば、ほめた人も同じくハッピーな気持ちで満たされるのです。

私はこれを**「愛の相乗効果」**と呼んでいます。

例えば、「今日の服装かわいいね」「きれいな色のシャツですね」とほめられたとしましょう。「ありがとう！」「ほめてくれてうれしい！」と、素直に喜びを伝えれば、ほめた人もうれしくなって「すごくかわいい」「とてもよく似合っていますす」と、さらにほめてくれるかもしれません。

さらにほめてもらったら、さらに喜びを伝えましょう。「本当にうれしいです！」「この服、着てきてよかった！」「今日はとてもいい日だ！」という感じです。

年齢や立場に関係なく、**愛の相乗効果でお互いの気持ちを上げていきましょう。**

しかしときには、モヤモヤした気持ちになるほめ方をされることもあるでしょう。

「これって、ほめているの？」「もしかしたら半分、嫌味？」というモヤモヤを感じてしまうと、どう反応していいのか迷ってしまい、素直に喜べませんよね。

そんなときのお勧めの切り抜け方は、**「謙虚に喜ぶ」＋「やんわり否定」**です。

例えば、「女子力、高いよね」「運がいいよね」と言われたとしましょう。

そんなときは、次のように答えればいいのです。

「そんなふうに思ってもらえてうれしいです。でも実は、『男子力』のほうが強いんです」

「そんなふうに思ってもらえて光栄です。でも実は、人に言えない苦労があるのです」

「やせた？」「太った？」と言われたとしましょう。やせて、あるいはふっくらしてきれいになったというポジティブな意味なのか、不健康に見えるというネガティブな意味なのか、受け手としてはモヤモヤしますよね。

そんなときも**一旦、相手の見立てを尊重すると謙虚さが伝わります。**

「よくわかるね。でも実は、やせてないのよ」

「よくわかるね。太ってないと思うけど、健康管理に気をつけなきゃね」

「もしかしたら嫌味かもしれない」という思いがよぎっても、**ほめ言葉だと受け取ってしまえばいいい**のです。

相手の見立てを最初から否定せずに、一旦は認めて、そのうえでやんわり否定するのです。それならば、相手は嫌な気持ちにはならないでしょう。すると相手は「この人に嫌味を言っても効き目はない」と判断して、それ以上は言ってこなくなる可能性が高まります。

あいまいで、半分嫌味のようなほめ方をする人は、精神的にどこか幼くて、自分に自信がない人が多いようです。それを頭に入れておけば、相手への見方が変わって、とっさの返答にも余裕が出てくるのではないでしょうか。

モヤッとしたほめ方をされたら、「謙虚に喜ぶ」+「やんわり否定」のセット、もしくは相手の見立てをまずは尊重して相手を立て、やんわり否定で切り抜けましょう。

もしモヤッとしたのは自分の思い過ごしで、素直に本心からほめてくれていたのだとしても、相手に失礼にはならないので安心です。

男性に「無用な誤解」をされないために

ほどよい距離感を保つ

販売業や接客業で仕事をしている人たちを対象にしたコミュニケーション研修をしていると、「本心からほめていると信じてもらうには、どうしたらいいですか」という質問を受けることがあります。

「お客様をいくらほめても喜んでもらえなくて、次に話す機会につながらない」というのです。

お客様に本心からの思いが伝わらないと、悩んでしまいますよね。

でも大丈夫です！　本心が伝わらないのは、そこに誤解が生じているからです。

その誤解さえ起きないようにすれば、相手にあなたの本心は届きます。

かつて銀座のお店で働いていたころ、私も悩んでいた時期がありました。お店で働き始めてしばらくは、お酒がお客様の希望する濃さになっているか、お客様が気持ちよく飲まれているか、おかわりをつくるタイミングに失礼はないか、といった一連のサービスに気を配ることで精いっぱいでした。とてもお客様をほめる余裕などなかったのが実情でした。

当然、ママからは「もっと、お客様をほめて！」と注意を受けました。しかしながら、ママや先輩が同席していないときは、正直言ってお客様の何をどうほめていいのかわからず、悩みがどんどん深まるばかりだったのです。

お客様に「この人、こびているだけだな」とか「僕に気があるのかな」など、余計な誤解をしてほしくない……。余計な心配をしていたために、ほめ言葉どころか笑顔さえつくれなくなってしまったのです。

「このままではいけない！」と思った私は、一度ホステス業から気持ちを切り離すことにしました。

会社で日々、顔を合わせているリクルートの女性上司たちの姿を思い浮かべてみると、印象に残るほめ言葉が記憶の引き出しから飛び出してきたのです。

「社長、今まで何度も言われていらっしゃると思いますが、オシャレですよね」「部長、すでに皆さんから言われていらっしゃると思いますが、きれいなお顔立ちをされていますね」と、まるで銀座のママのごとく（笑）、取引先や商談先の企業の男性をほめていたのです。

私は「これだ！」と気づきました。

最初に「今まで何度も言われていらっしゃると思いますが」「皆さんにも言われていらっしゃると思いますが」と言ってから、相手の素敵な部分をほめるのです。

そうすれば、無用な誤解に悩まされずにすみます。

前置きの言葉の影響で「誰もが思っていることを、私も言ってみました」というニュアンスを伝えることができます。

つまり「何度も言われていらっしゃると思いますが」という言葉が、**相手との**

間に誤解を生まないクッションの機能を果たして、ほどよい距離感が出るのです。

私はさっそく、これらの言葉で銀座のお客様をほめてみました。

「○○様、皆さんから言われていらっしゃると思いますが、清潔感があって素敵ですね。清潔感って大事ですよね」「○○様、もう何度も言われ続けてきていらっしゃると思いますが、肌がつやつやですね」……というような感じです。

するとお客様は謙虚に否定しながらも、うれしそうに「そんなことないけど、清潔感というのは大事だよね」「炭のせっけんで洗顔して、保湿クリームを塗っているだけですよ」などと、ポジティブに反応してくださるようになったのです。

ときには質問型でほめてみました。

「○○様は頼りがいがあるって、部下の皆さんから言われませんか?」「会社で最も立場が上の社長なのに、気さくで話しやすいって言われませんか?」……というような感じです。質問型だと、お客様も答えやすくなるようです。

「頼りがいがあるかはわからないけどね、部下から相談されることはよくあるねえ」「社長だからって、何も偉ぶる必要もないからね。自然体そのものですよ」

……と、謙虚な姿勢は保ちつつも、少しうれしそうに答えてくださったのです。

女性は女性をほめることは自然にできても、男性をほめることについては、たとえそれが本心からでも、ついためらってしまうことがあるようです。

お世辞だと思われたり、「気があるのかな」といった無用な誤解を生まないようにしたりするのに、過剰に気を遣いすぎてしまうのがその原因のひとつです。

「何度も言われてきていらっしゃると思いますが」「皆さんから言われていらっしゃると思いますが」という言葉を使ってみてはいかがでしょうか。

また、質問型を織り交ぜてみるのも効果的だと思います。

相手とのほどよい距離感をキープしつつ、相手も「ほめられたぞ！」と喜んでくれることでしょう。

「ほめる」がおもてなしに変わる瞬間

相手の心の扉が開く

「リップサービス」とは、相手を喜ばせようと口先だけで調子のよいことを言うさまを指します。

口先だけの言葉ですから、お世辞やゴマすりと言い換えられるでしょう。

しかし本心から相手をほめることは、リップを外した「サービス」そのものだと私は思っています。

「口から出る言葉なのだから、リップがあってもなくても同じでは？」と思う人がいるかもしれません。

ですが、相手の心を動かすサービスには、やはり**本心からの言葉の力**が宿っているところがリップとは明確に違うと私は思っています。

サービスとおもてなしの違いを、お客様に傘を「どうぞお使いください」と差しだすのはサービスで、傘を開いてさして差し上げるのがおもてなしだとお伝えしました（36ページ参照）。

これを「ほめる」に適用してみましょう。

相手のよい部分を見つけたり感じたりして、それを言葉で伝えて差し上げるのが、ほめるにおける「サービス」だと思います。

相手の立場で行動することがおもてなしの真髄であるならば、ほめられたことがきっかけになって、相手が悩みを打ち明けてきたときに、**話をきちんと聞いたり、ちょっとしたアドバイスをすることが、「ほめる」における「おもてなし」ではないでしょうか。**

「ほめる」における「おもてなし」の力を感じる出来事が、先日ありました。

私には、とてもほめ上手な友人がいます。

もちろん、誰かれ構わず、さしたる理由もなくほめるリップサービスではないことは何年間ものお付き合いからわかっています。

その彼女が開口一番、「素敵なネックレス！」と身につけているアクセサリーをほめてくれました。しばらく首元を見つめながら、「所々にパールが入っているのが素敵」と具体的にほめてくれたとき、私は彼女にアクセサリーについて**小さな悩みを打ち明ける気持ち**になったのです。

実は、母からもらった真珠のネックレスがバラバラに壊れたままで、もう何年もタンスの引き出しに眠っていたことを突然思い出したのです。

きちんと直したいのはやまやまだけど、丁寧に直してもらえる所や予算を考えるだけで何もしないまま、今日に至ってしまったことを彼女に伝えました。

「それならいい所があるから！」と言って、彼女は信頼できる宝石の職人さんの話をしてくれたのです。数週間後、私の手元にはきれいに修復された真珠のネックレスが戻ってきました。私はうれしくなって、親切で優しい友人に対して感謝の気持ちでいっぱいになりました。

私はこの友人から「素敵なネックレス！」と、外見をほめてもらう「サービス」を受けたことがきっかけで、壊れた真珠のネックレスの話を打ち明ける勇気が湧いたのです。

そして、信頼できる宝石の職人さんを紹介してもらうという、思いもよらない「おもてなし」まで受けることができました。

「素敵だな！」「いいな！」と感じたことは、外見でも内面でもほめることです。

あなたの「ほめる」がきっかけで、**それまで閉じていた相手の心の扉を開いて差し上げる……。**

そんな素晴らしい、ほめることでの「おもてなし」が実現するかもしれません。

外見は出会ったとき、内面は会話の中で

内面ほめは相手へのリスペクト

改めて、相手の「何を」ほめるといいのでしょうか。

ほめる対象は、大きく分けて2つあると思います。

それは**「外見ほめ」と「内面ほめ」**です。

外見ほめは、会った瞬間に視界に入ってきた「素敵だ！」と感じたことを伝えます。前の項目で登場した、私の友人のほめ言葉「素敵なネックレス！」も外見ほめです。

出会った瞬間に素敵だなと感じたことを、その場でほめて伝えることが理想ですが、少し時間をおいたタイミングでももちろん大丈夫です。

お茶やランチの場なら、席についてひと息ついたころでもよいでしょう。

「笑顔が素敵ですね」など、表情をほめるのも外見ほめですし、アクセサリーやお鼻のかたちなどの外見上のパーツ、受けた印象をほめるのもいいでしょう。

この外見ほめをきっかけに、コスメやファッションの話で華やかに盛り上がるかもしれません。


また、会話をしている途中で**相手の内面的な部分が素晴らしい**と感じたなら、言葉にしてそれを伝えてみましょう。

内面をほめられると、相手は自己肯定感が高まって、うれしさも格別というものです。特に男性は、**行動力や決断力が優れている**こと、**努力する姿勢や相手に与える安心感**をほめられると、自信がみるみる湧き上がるものです。

実際に、リクルート時代のある上司が瞬時にトラブルを解決していくので「行動力と解決力があって尊敬します」と伝えたら、「当然の行動をしただけだよ」と言いながらも、うれしそうな表情をしていたのが忘れられません。

いつも部下に寛大に接していらっしゃる銀座のあるお客様に「安心感があって

ホッとします」とホステス一同でそろって伝えたことがありました。

するとそのお客様は「女性陣にそう思ってもらえることは、何よりの喜びですよ」と、目尻が下がりっぱなしだったのです。

「ポジティブで素晴らしいです」「正直でいいですね」「謙虚で素敵です」「がんばってきたのですね」など、人は自分の内面的なことや重ねてきた努力をほめられると、今までの自分の生き方を相手に肯定してもらえたとポジティブに捉えます。

自分の存在価値を認めてもらう以上の喜びは、日々の人間関係の中ではなかなか味わえないものです。


相手のことをよく見て（もちろん、じろじろ観察するのではありません）、印象に残った外見をほめ、さらにプラスして会話の中で感じた相手の内面のよい部分をほめてみてください。


特に内面ほめは、相手に対する敬意が伝わるものです。

敬意を伝えることは、心から相手を立てることに他なりません。

事前に「ほめポイント」を頭に入れる

相手に対する見方が変わる

相手をほめたいのだけれど、「何を、どうほめていいのかわからない」という人は、意外と多いようです。

そんな人は、これからお伝えする「ほめポイント」を参考にしていただけたらと思います。

まずは「外見ほめ」から始めましょう。

外見ほめのほめポイントは、**「笑顔」「目」「肌」「髪」「爪」「手」「声」「脚」「靴」「バッグ」「装飾品」「服」**です。

具体的には「笑顔が素敵」「まつげが長くてかわいい」「肌がきれい」「ネイルがカワイイ」「手がきれい」「手が荒れてなくてうらやましい」「声がカワイイ

（ハスキーでカワイイ）」「髪型が似合ってる」「いつも髪の毛きれいだね」「脚が細くて羨ましい」「その靴カワイイね」「素敵なバッグだね」「髪飾りかわいい」……のような感じです。

そして**何といっても「服」！**

「きれいなセーターの色ですね」「今日の服、よく似合っている」「スカート、かわいい！」など、特に女性に対してはその日のオシャレをほめていきましょう。きっとポジティブなリアクションが返ってくることでしょう。

そして**「表情や雰囲気」**も、外見ほめのポイントとして欠かせません。

「今日も元気そうでよかった」「イキイキして輝いている」「いつも清潔感がありますね」などです。相手の表情や雰囲気の素敵な部分に注目しましょう。相手のいい部分を発見すると、その人に対する見方まで変わりますね。

内面も同じです。

初対面でも面識が浅くても、会話を重ねているうちに、相手の考え方や性格のいい部分を察知することができます。

私が思う内面のほめポイントは、**「明るさ」「謙虚さ」「正直さ」「誠実さ」「優しさ」「行動力」「決断力」「解決力」「技術力」「体力」「努力」「安心感」**です。

あらかじめほめポイントを頭に入れておくと、それまで見過ごしていた相手のいい部分に気づきやすくなります。

「この人に、こんなに素晴らしい部分があったなんて！」という、うれしい気づきもあれば、「やっぱり、この人の誠実さはさすが！」と、改めてその人のよさを認識することもあるでしょう。

特に男性は、行動力や決断力のあることや、努力や安心感をほめられると、よりうれしく思う傾向があることはお伝えしたとおりです。

これまで紹介した「ほめポイント」を念頭に置き、外見はもちろん、ぜひ内面にも意識を向けてください。きっと、相手に対する見方が変わって、ほめることへの苦手意識も下がっていくことでしょう。

「ほめるのが苦手……」の克服法

必要なのは勇気と関心

ほめることに苦手意識がある人は、２つのタイプに分けられるようです。

ひとつ目は**「人見知りタイプ」**の人です。

相手のことを「素敵だな」「素晴らしいな」と思っても、身構えてしまって言葉が浮かばなくなってしまうのでしょう。また、恥ずかしさのために、なかなかほめることができないようです。「ほめても、喜んでもらえなかったらどうしよう」と余計な心配をしがちなことも影響しています。

このような人見知りタイプの人は、先にお伝えしたほめポイントを頭に入れておけば、あとは**ほんの少しの勇気**を出すだけで大丈夫です！

最初は、周りから好かれている「感じのいい人」からほめてみるのがお勧めです。感じのいい人は素直に喜んでくれますから、それがほめることの自信につながっていくと思います。

出会った瞬間でなくても、会話の途中で「さっきから思っていたのですが……」と前置きしてからほめれば、決して不自然ではありません。

または、別れた後にＬＩＮＥやメールで伝えてもいいですね。ＬＩＮＥやメールなら、人見知りタイプの人でもほめやすいと思います。

本人を目の前にしては口にできない愛の言葉も、ＬＩＮＥやメールなら上手に伝えられる、ということもあるでしょう。

もうひとつは**「無関心タイプ」**の人です。

無関心だと相手をほめるという意識がそもそも働きませんので、相手をしっかり見ません。見ないから、当然ですが相手のいい部分に気がつかないのです。

一方で悪い部分にも気がつかないため、「優しい人なのかな？」と思われることもあるようです。

例えば無関心タイプの人は、久しぶりに知人と再会しても、相手の近況などは少しも聞かず、ひたすら自分の話ばかりしてしまう人に多いようです。

つまり、自分にしか興味がないのですね。これでは、相手との距離が縮まるまで時間がかかるのは当たり前です。

例えば、ある女性が男性からアプローチをされたとします。しかし、いざ会話が始まっても男性からのほめ言葉はなく、自分のことばかり話されたとしましょう。果たして、女性の心は動くでしょうか。もちろん、逆も然りです。

男性が女性からアプローチされたとき、自分の外見や内面をほめられると、「そこまで自分のことを見ていてくれたのか！　うれしいな！」という思いがふくらみ、アプローチしてくれた女性のことを意識するようになるでしょう。

大切なのは、**仕事でもプライベートでも、相手をできるだけほめようという気持ち**です。その気持ちを土台として、前にお伝えした「ほめポイント」を念頭に置けば鬼に金棒です。

人見知りタイプの人は、ほめポイントをしっかりおさえて、あとは勇気を出して実践するのみです。

ほめることに無関心タイプの人は、誰かに会ったとき、**「ひとつでいいから、何かほめよう」**という意識を持ってみましょう。

そのときのために、ほめポイントを参考にしていただけたらうれしいです。そして、自分への関心をちょっぴり減らして「相手を観察してみよう」と意識してみてください。きっと思わぬ発見があって、他人に興味を持つことがおもしろくなるでしょう。

繰り返しますが、ほめられてうれしくない人はいません。いるとしたら、それは相当のへそ曲がりです。

「人と会ったときは、まずほめよう！」、これを無意識にできるようになるくらい徹底してください。

相手のこだわりを「一点集中ほめ」

アクセサリーや時計がお勧め

「素敵なネックレス！」と、友人が私のことをほめてくれたエピソードはすでにお話ししました。

外見ほめの中でも、**「服」と「装飾品」**は性別を問わず相手に受け入れてもらいやすいです。

すぐに視野に入ってくるので、実践しやすいほめポイントといえるでしょう。

「オシャレは自己満足でしかない」と言われることもありますが、私は決して自己満足だけではないと思っています。もちろん、購入した服や装飾品は自分が気に入ったものという意味では、自己満足でしょう。ですが、すぐに相手の視野に入る外見については、「周囲の人たちに不快感を与えないように」という配慮が、誰しもが無意識にせよ働いていると思うのです。

その配慮とは**清潔感や可愛らしさ、品格のよさ**を感じさせるということです。そうした効果を考えて、その日の服や装飾品を選んでいるとしたら、自己満足で終わるのではなく、「相手からどう見えるか」もきちんと考えているといえるのではないでしょうか。

そうした準備をしているだけに、その日会った人が服や装飾品をほめてくれると、気分がグッと上がってうれしくなるのは間違いありません。

さらにお勧めなのが**「一点集中ほめ」**です。相手のうれしさが倍増することでしょう。

シャツが素敵だったら「そのシャツ、素敵ですね！　よく似合っています」、ジャケットが素敵だったら「ジャケット、ものすごくよくお似合いです！」、多機能でデザインも秀逸なバッグなら、「素敵なバッグですね！　たくさん入るから便利そう」……、というような感じです。

アクセサリーなら、ネックレスやブローチ、ピアスやイヤリング、ブレスレット、指輪、スカーフ、バッグ、靴などに注目しましょう。

特に、**男性は時計にこだわりを持っている人が多い**ようです。

シャツから趣味のよい時計が見えていたらチャンスです！「素敵な時計ですね」「時計、オシャレですね」と、時計を集中してほめるとよいでしょう。

ネクタイにも注目してみましょう。人気キャラクターや犬やネコのモチーフがデザインされた、さりげないこだわりネクタイをしている男性もいます。

例えば、ネコのデザインのネクタイをしていることに気がついたら、「もしかして、ネクタイの柄、ネコちゃんですか？」と聞いてみましょう。

「そうなんです」と答えたら、ネコに集中してほめるのです。

「ネコ柄のネクタイ、かわいいです！」「ネコ柄のネクタイをするなんて、オシャレですね！」……、というような感じです。

そして、**「ご自身で選ばれたのですか？」**と質問してみるのもお勧めです。

もし「実はいただき物でね」という答えが返ってきたら、「プレゼントされた方、粋なセンスをお持ちですね」と、送り主をほめましょう。

自分のネクタイをほめられるだけでなく、**送ってくれた人のセンス**もほめられて、相手の男性は二重の喜びを感じるはずです。

少しでも素敵だな、お似合いだなと感じるパーツを見つけたら、「一点集中ほめ」をぜひ試してみてください。

その場の空気が盛り上がって、お洒落談義に花が咲くことでしょう。

強調言葉で「本気さ」が伝わる

「本当に」「超」をつける

ほめるときに、強調する言葉を加えてみましょう。

相手に、「この人は本気でほめてくれている！」ということが伝わるので、相手の喜びもひとしおです。

例えば**「とても」**という言葉がありますね。

「帽子、お似合いですね」というほめ言葉に「とても」をつけてみます。

「帽子、とてもお似合いですね」となりますね。

今度は**「すごく」**という言葉をつけてみましょう。

「帽子、すごくお似合いですね」

いかがでしょうか。

もし皆さんが「とても」や「すごく」をつけてほめられたら、**本気さが伝わってきてうれしくなりませんか？** 少なくともお世辞には聞こえないと思います。

「本当によくお似合いです」というように、**「本当に」**という言葉も好感度を高めます。

「とても」「すごく」「本当に」は、強調言葉でありながらも、どこか丁寧さも感じられますね。相手に心地よい喜びをもたらす「言葉のプレゼント」といえるのではないでしょうか。


街角やカフェで、友人や仲間同士の会話が聞こえてくることがあります。

「久しぶり～。そのスカーフかわいい。超似合ってる！」「そのマフラー、超かわいい」と、**「超」**を使うケースが増えているようです。

「超」という言葉は響きもいいですし、「超越したレベル」というニュアンスが伝わってきますね。ほめられた女性も「超うれしい！」と、受け取った喜びを最強の本気度で相手に返していました。

「超」という言葉は、若い世代でよく使われている印象があります。しかし仲がよい友人や恋人、家族間なら、思いの強さを伝えたいときに使うのであれば相手に失礼になることはないでしょう。

関西の方々が使う**「めっちゃ」**という言葉も然りです。標準語では「ものすごく」とか「めちゃめちゃ」という表現が近いでしょうか。「超似合ってる」「超かわいい」「超好き」「めっちゃ似合ってる」「めっちゃかわいい」「めっちゃ好き」……。

心のミットにほめ言葉がストレートに飛びこんできたようで、思わず「ストライク！」と笑顔で叫びたくなりますね（笑）。

また、会話の中で相手が何かしら迷っていたとしましょう。

そんなときは**「きっと」**や**「絶対」**という言葉で、「相手の未来」をほめて背中を押してあげられたら素敵ですね。

「赤いセーターが欲しいと思っているのだけど、似合うかなあ」

「きっと似合うと思う！」

「今度、資格の勉強しようと思っているのだけど、ちょっと迷ってるのよね」

「それ絶対いい！　○○さんならきっと大丈夫よ！」

というような感じです。


上司や先輩が、家庭で「よい父親」をしているなと感じたら、「○○さん、絶対いいパパですよね！」とすかさず使ってみましょう。


リクルートの上司や先輩たちは、強調言葉をよく使っていました。

「部長は絶対、部下にとっていい上司ですよね」

「きっと、部下に相談されることが多いですよね」

というような感じです。


本心から思ったことなら、いつものほめ言葉に強調言葉をプラスして、相手の現在や未来をほめて、応援してみてください。

きっと（笑）、相手の気持ちを前向きに変えることができるでしょう。

しかし、強調言葉を使うことに抵抗を感じてしまう、苦手意識があるという人もいるでしょう。

そんな人は、もちろん無理に使わなくても大丈夫です。

そこでお勧めなのが強調言葉の仲間である、**「やっぱり」「思ったとおり」**です。「やっぱり優しいね」「やっぱり似合うね」「思ったとおり素敵だね」などと使ってみてはいかがでしょうか。

特に、何度も会っている相手に対して使いやすいので、お勧めです。

相手の状況を想像し、ねぎらう

その時々で最善の言葉を

最近、ある女性からとても心に響くほめ言葉をいただいて、感動したことがありました。

そのKさんは、接客業界の会社でバックオフィス業務を担っています。

Kさんとの出会いは、私がその会社の従業員に向けたコミュニケーション研修をするようになったことがきっかけでした。Kさんは初対面の打ち合わせのときから丁寧で、笑顔で相手を自然に立てることができる素晴らしい人だなという印象を受けました。

その好印象をゆるぎないものにする出来事が、研修当日に起きたのです。

私が研修先に向かうため、いつものように電車に乗っていたときでした。なんと、前の電車がポイント故障で止まってしまうというアクシデントが発生したのです。しばらく待って運転再開にはなったものの、かなりのノロノロ運転です。事故の影響でしばらくは急行もなくなり、全車両が各駅停車となりました。余裕を持って早めに家を出たのですが、内心はハラハラ状態です。講師が遅刻するわけにはいきません。ゆっくり動く電車の中で頭をフル回転させながら迂回方法を考えて、なんとか約束の時間より前に会場に着くことができました。

そのとき、出迎えてくれたKさんに経緯を伝えました。するとKさんは、

「それは大変でしたね。電車が止まると、遅刻してはいけないというストレスの中で迂回したりしなくてはなりませんものね。**無事にお着きになって本当によかったです**」

と、**心のこもったねぎらいの言葉**をかけてくださいました。これだけでもKさんの素晴らしさが伝わってきますよね。

さらに私が驚いたのは、研修が無事に終わったときのことでした。

帰り仕度をしている私に、Kさんが次のように挨拶をしてくださったのです。

「本日は電車が止まって大変なご心労があったのに、笑顔で疲れを全く感じさせない森様を、改めて素敵な先生だと思いました」

私は心の底から感動してしまいました。

もったいないほどのほめ言葉をいただいて、非常にうれしかったことも事実です。しかし、20代後半のKさんが、こんな素晴らしいほめ言葉を自然に言えてしまうことに感動を覚えたのです。

「そのようなことがお話しになれるのは、きっとご両親が素晴らしい方々だからですね。ご両親が素晴らしいから、Kさんも素晴らしいのだと思います」

と、私は思わず返答してしまいました。

すると、またしても感心する言葉が返ってきたのです。

「ありがとうございます。決してそんなことはないのですが、**両親をほめていた**

だいてうれしいです」

そして次のように言って、私をロビーまで送り出してくれました。

「お帰りの際も、道中お気をつけくださいませ」

私はこれまで、数多くの企業のバックオフィス業務に従事している人に出会ってきました。

その中でもKさんの存在は出色《しゅつしょく》でした。

アクシデントにも動ずることなく、心のこもったほめ言葉はもちろん、思いやりに満ちた温かい言葉で相手を立てられる、素晴らしい女性です。

Kさんが有能で仕事ができるのは間違いないですし、「Kさんがいるなんて、あの会社で働く人たちは何て幸せなのでしょう」と思いながら、私は改めて自身の襟《えり》を正しながら帰途についたのでした。

場所や料理（お店）もほめてみる

「美味しいです！」が効く

「ほめポイント」についてはすでにお伝えしましたが、追加しておきたいことがあります。

それは**「場所」**です。レストランやカフェ、バーや居酒屋、カラオケルーム、美術館や展示会のイベント会場など、誰かと出かけた先々で、その場所に「いいな」「素敵だな」と感じる部分があったら、それを言葉にしてほめましょう。

「お店の中が素敵！」「この美術館、雰囲気が落ち着いている」というように**場所の第一印象をほめる**だけで、一緒にいる人も「そうだね」と共感してくれる可能性が高くなるものです。

もし、一緒にいる人がそこまでお店にいい印象を持っていなかったとしても、「相手がほめているなら、それでよし」と思うのではないでしょうか。少なくとも、嫌な気持ちになることはないでしょう。

それだけ**「ほめる」という行為には、その場を明るくするエネルギーのような効果がある**のです。

店内の細かい装飾などに素敵な部分を見つけたら、具体的にほめてみましょう。例えば「あのランプ、素敵！」「壁紙がかわいい！」「あの絵、感度が高い」「この椅子、センスがいい」といった感じです。

イタリアンレストランなら「まるでイタリアに来たみたい」「イタリアを感じる」、和食なら「日本人でよかった～」とか（笑）。

そのお店のコンセプトに感動しているわけですから、これらは立派なほめ言葉です。お店のスタッフの耳に届けば、きっとうれしく思うに違いありません。

そして、**「お料理」**も場所の一部といえるのではないでしょうか。

運ばれてきたお料理を見て「美味しそう」とつぶやいたり、実際に食べてみて「美味しい〜！」とはっきり声に出したりするのは、多くの皆さんがしていることと思います。

その感動を、さらにお店の人にも伝えてみてはいかがでしょうか。

私の友人に、お店のスタッフがお皿を下げに来るたびに「美味しかったです」と感想を伝える人がいます。

緩やかに時間が過ぎていくコース料理のときは、ほめ上手なこの友人を「素晴らしいなあ」と思いながらも、居酒屋などの回転が速いお店で一品料理のお皿を下げに来るたびに言っているのを見ると、思わず爆笑してしまうのです。

お店のスタッフも「美味しかったです！」とほめられるたびに、どんどん笑顔が増えていきます。

会計をすませたときも、もちろん「ご馳走さまでした。美味しかったです！」

を忘れません。

飲食店にとって、お客様からの「美味しかったです」は最高のほめ言葉です。

もし、人をほめることに苦手意識があるようでしたら、お店の雰囲気や料理など「場所」をほめることから始めてみるといいかもしれません。

ほめるのは、人のことに限らなくても大丈夫なのです。

人でも場所でも、どうしてもほめるポイントが見つからないときは、無理をしなくても大丈夫です。焦らず少しずつ観察しておいて、ほめポイントが見つかったときに始めていけばいいのですから。

場所や料理もほめる対象になる、と覚えておいてくださいね。

ほめるときの視線に気をつけて

内面をほめるときは相手の目

皆さんは、相手をほめるとき、自分が視線をどこに向けているか意識したことはありますか？

ほめるときの視線はとても大切です。

キョロキョロしていたり、視線が泳いで落ち着きがないようでは、せっかくのほめ言葉も台無しになってしまいます。

下から上までじろじろ見ながらほめたり、長い時間見つめながらほめるのは、相手が赤ちゃんや心を許した恋人ならまだしも、一般的にはNGな行為です。

話は少し脱線しますが、電車の中で正面に座っている人からの視線が気になった経験、皆さんも一度はあるのではないでしょうか。

自分と目が合った瞬間に、相手が視線をそらしてくれたら何とも思いません。しかし、じっと見つめられたままでは「何で私をじっと見るの？」と、不思議を通り越して不快になってしまいますね。

人間は、よくも悪くも気になる人が自分の視界に入ると、ついついじっと見てしまうことがあるようです。それだけに、人を見るときには相手に失礼のないように心がけたいものです。

さて、本題に入ります。

目の前にいる人をほめるときの視線は、**外見をほめるときは、ほめポイントをしっかり見ながらほめましょう。**ジャケットをほめるならジャケットを見ながら、ヘアースタイルなら髪を見ながら、ネイルなら爪を見ながら、アクセサリーやバッグならその物を見ながらほめるのが基本です。

人には、相手の視線が向いているほうをつられて見るという習性があります。

相手が見ているものに対して、「何だろう?」という疑問が起きるからです。

相手と同じものを見ることで、ほめてもらった喜びが一層ふくらんで会話がスムーズに広がっていくのです。

それでは、内面をほめるときはどこを見たらよいのでしょうか。

答えは、**相手の目**です。

相手の目を見ることで、あなたの思いがしっかり相手に届きます。

例えば、相手の内面の優しさをほめるのに、「優しいね」と言いながらバッグを見ていたら、ちょっと不思議ですよね(笑)。

「友だち思いだね」「親孝行だね」とほめながら、相手の手しか見ていないとしたら、相手はやはり違和感を抱いてしまうでしょう。

内面とは、すなわち人柄です。

相手の目を見てほめれば、相手も、「本当にほめてくれているな」と信じることができて、うれしくなるのです。

目力という言葉がありますね。

古代エジプトには、すでに目で相手にメッセージを送るということがあったそうです。

絶世の美女と謳《うた》われたクレオパトラといえば、その斬新なアイメイクが特徴のひとつですね。もしかしたら、自分の目を通した強いメッセージに意識を向けてもらうためだったのかもしれません。

「目は口ほどにものを言う」とは、よくいったものです。

「過去」「その場にいない人」をほめる

リスペクトの表現として

ほめ上手な人がしている、ちょっとしたテクニックを2つ紹介しましょう。

ひとつ目は、面識がある相手に対して、会話の途中で**相手の過去のことをほめる**というものです。

内面をほめられると「そこまで、私のことを見てくれていたんだ」とうれしく感じるものですが、過去をほめられると、その喜びにさらに感動がプラスされるくらいのすごい影響を相手に与えるといっていいでしょう。

「そういえば、この間の○○さんの対応はかっこよかった！」「あのとき、皆のスケジュールを調整するのはとても大変なことなのに、さらっと成し遂げた○○

さんは本当にすごいと思った」「同じことをまた言ってしまうけど、あのときは本当に助かりました。どうもありがとう」などと、実際にあった過去の出来事を題材にしてほめると、相手の喜びもひとしおになるのは間違いありません。

そしてもうひとつが、**その場にいない人をほめる**ということです。

そこにいない人をあえてほめるというのは、「その人は素晴らしい」と**尊敬する気持ち**がある証拠です。

「知り合いに絵の上手な人がいてね。今度個展を開くらしいんだ」「会社の先輩にワインのエキスパートがいてね。あそこまでワインに詳しいのは本当にすごいと思う」「あなたも知っているかもしれないけれど、○○さんは努力家で真面目なんだよね」などと、会話の自然な流れからその場にいない人のことをほめるのは、聞いていて気持ちがいいものです。

その人との面識のあるなしは関係なく、目の前でほめている相手を通して、自分までその人をリスペクトする気持ちが湧いてきて、ポジティブな雰囲気が生まれるのです。

間接的にせよ、リスペクトしたくなるような人の話を聞けることは、自分自身の気づきや学びにもつながります。

その場にいない人をほめる話になったら、「この人は、その人のことを尊敬しているんだ」と思って、素直に耳を傾けてみましょう。きっとあなたにとっても糧《かて》になるヒントが掴めると思います。

そして、皆さんにもリスペクトする人がいたら、その人がいないところでほめてみることをお勧めします。きっと、その話を聞いてくれる人にもプラスの経験になることでしょう。


さて、その場にいない人をほめる際に気をつけたいことをお伝えします。

その場にいる誰かと比べながら、いない人をほめることは避けましょう。

例えばなかなか勉強しない子どもに対して、「同じクラスの○○ちゃんは一日何時間も勉強しているんですって」と言うと、比較になってしまいます。「目の前にいるあなたはだめだから」と言っているのと同じことなので、子どもは嫌な気持ちになるでしょう。

大人も同じです。誰かと比べられて嫌な思いをするだけでなく、自信までなくしてしまいかねません。

自分は比較しているつもりがなくても、聞いている方は比べられていると受け止めてしまわないよう、誤解を生まないようにすることも大切です。

以前、30代の女性から、会社の飲み会の席でその場にいない女性のことをほめる男性がいて、自分に自信がなくなったという相談を受けたことがありました。

詳しく聞いてみると、数人で楽しく社内の話をしていたところ、正面に座っていた同期の男性が「○○さんって、きれいですよね」と、欠席した同僚女性のことをほめたのだそうです。

女性は自分も含めて、この場にいる女性をなぜほめないで、いない女性のことをほめるのか、その彼に特別な感情はないものの何となく自分がだめだと言われているようで心にグサッときた、というのです。

私は、彼女の気持ちがわかるような気がしました。

同期の男性は、決して彼女をだめだと言っているのではなく、ただ素直に思ったことを口にしただけなのでしょう。お酒の力で酔いも少し進んで、饒舌《じょうぜつ》になっていたことも影響していたかもしれません。

このときの彼に、ほんの少しでも女性の気持ちを想像することができていたら、その場で口にすることをためらったかもしれません。

もしくはその場にいた女性を傷つけない、もっと上手な言い方ができていたのかもしれません。

逆の立場では、私も含めて女性の場合、男性がいる席でその場にいない男性をほめる場合にも配慮が必要です。

「仕事で表彰されてすごい」「家庭では、いいパパをしている」「子煩悩《こぼんのう》で素晴らしい」といったように、**誰が聞いてもリスペクトできる一般的な内容をほめると**、されなくてもいい誤解を生まなくてすむでしょう。

第4章

相手が「困った人」なら、こう立てる

――作戦と対処法

気難しい人にこそ、笑顔の挨拶を

自分から話しかけるのが鉄則

もし人を「感じがいい人」と「感じが悪い人」に分けるとしたら、人を立てるのが上手なのは、当然「感じがいい人」です。

「自分は人を立てるのが正直、苦手かも。ということは、『感じが悪い人』ってこと……」と悩む人がいるかもしれません。しかし、それは違います。

普段から友だちや後輩などに嫌な思いをさせていなければ、それだけで「感じがいい人」に該当しますので安心してください。後は本書で紹介しているような、ちょっとした心構えと習慣で人を立てるのが上手になります。

さて、残念なことではありますが、世の中には感じの悪い人がいるのも事実です。
育った環境や親のしつけが原因と考えたくなりますね。人格のベースになる部分は、3歳もしくは5歳までにつくられると、以前は考えられていたようです。

しかし、私の社会人経験を通じた実感からすると、そう単純ではないように思えます。学生時代はずっと感じがよかったのに、社会人になってあるときから急に人が変わってしまった人を何人も見てきました。

子どもを出産後、育児のあまりの大変さから気持ちの余裕がなくなり、一時的に性格が別人のように変わってしまう人もいました。

育った環境や受けてきた教育に加えて、その後の人生経験が人格に大きく影響してしまうのだなと考えさせられました。

前振りが長くなりましたが、この章では自分にとって決して感じがいいとは思えない、対応がやや難しい人を上手に立てる方法をお伝えしていきます。

まずは、気難しい人を取り上げます。

気難しい人は、一般的に自分から相手に話しかけるケースは少ないです。

そこで、まずは勇気を出して**こちらから話しかけてみましょう。**

そのときに忘れてはいけないのが**笑顔**です。気難しい人は、黙っていると少し怖く見えてしまう、やや威圧的なオーラがある方が多いようです。

そんな近寄りがたい雰囲気が漂っていても、こちらから笑顔で「おはようございます！」「こんにちは！」「お世話になっています！」と話しかけてみるのです。

リクルート時代、私は自分から笑顔で話しかけられずに大失敗をしたことがありました。

それは仕事が休みの、ある日曜日の出来事でした。

自宅から割合に近い私鉄沿線の駅前で、信号待ちをしていたときです。３メートルほど斜め前に、どこか見覚えのある社長が立っていました。

その方は私服姿だったこともあり、最初は「人違いかな？」と思いました。

しかしよく見てみると、水産業の会社を経営しておられた面識のある社長だったのです。後方からの視線を感じたのか、社長は偶然にもパッと振り向き、私と目が合いました。しかし私は固まってしまい、1~2秒で目をそらしてしまったのです。「休日に声をかけたら失礼かもしれない」という気持ちに、私が勝手に感じてしまっていた、その社長の気難しい印象が重なってしまったのです。

まもなく信号は青に変わり、やがて社長の姿は見えなくなりました。

なんというめぐり合わせでしょう!

これはもう、運命のいたずらとしか言いようがありません(笑)。今振り返ると、営業の神様に試されていたのかもしれません。

実は遡ること5日前に、私は上司と一緒にその会社に初アポで訪問していたのです。

途中から社長も参加してくださり、さまざまなお話を伺ってきたばかりでした。

そのときに受けた気難しい印象が、声をかけられなかった大きな要因だったのです。

　翌日出社した私は、真っ先に上司に報告しました。

「なんと昨日、この前同行していただいた会社の社長を見かけたのです」

「え、ほんとに？　声をかけて挨拶した？」

「それが、突然で驚いたのと、ちょっと緊張してしまって声をかけられなかったのです……」

「なんで声をかけなかったの～」

「気難しいイメージがあったのと、休日に声かけたら失礼かとも思って……」

「それはもったいない。『社長こんにちは！　リクルートの森です。この前はありがとうございました』って、笑顔で挨拶するだけでよかったのに」

　上司曰く、「気難しい人は、自分から声をかけることはなくても、**人から声をかけられたら案外うれしいと思っているものなんだよ。**しかも休日に、この前会った森さんから声をかけてもらえたら、喜んだと思うよ」

このときの上司の残念そうな顔は、今でも忘れられません。

当然というべきか、その社長の会社からはその後、連絡が来ませんでした。

この出来事を教訓に、面識のある人を見かけたときは、たとえその人が気難しそうな人だったとしても、**自分から笑顔で挨拶をする**ように心がけています。

ちなみに当時の上司は、気難しい人であろうとなかろうと、視界に入った以上は追いかけてまで（笑）、声をかけて挨拶をしていました。

この上司の積極性は見習うべきだと、今でも思い続けています。

ママ友には自尊心をくすぐる作戦で

正直に答える必要なし

ママ友とのお付き合いが最も盛んになるのは、子どもが幼稚園のときではないでしょうか。

幼稚園生活のさまざまなイベントではママの出番がたくさんあります。子ども同士が仲良くなれば、お互いの家に遊びに行く機会がどんどん増えるでしょう。

私も2人の子どもの「幼稚園ママ時代」を経験しました。

子どもと共に楽しい園生活を送るには、**ママ友とはつかず離れずの距離で付き合っていくのがベスト**ではないかというのが私の偽らざる実感です。

そんなものだと頭では理解していても、そこは狭いママ友の世界のこと、なかなかうまくいかないときもあるでしょう。

ママ友との人間関係がうまくいかないとき、必ずと言っていいほど少し面倒なママの存在が影響しています。そして面倒なママには、昔も今も変わらない共通点があるように思います。

さて、少し面倒なママの問題点とは、具体的にはどんなものでしょうか？

ひと言でいうと、問題点は**「距離の取り方」**にあります。

知り合った当初から、人間関係の距離を猛烈なスピードで詰めてきて、怒濤《どとう》の勢いで質問してきます。質問の中身は子どものことに留まらず、夫の職業や家族の他のメンバーのプライベートなことまで、遠慮なしに突っ込んでくるのです。

ひとたびＬＩＮＥでつながろうものなら、トークの頻度が恋人同士よりも多くなる始末です。その中には、本人のグチや他のママ友の悪口もたくさん出てきます。

ここまで状況が進むと、付き合っている方はもうヘトヘト。

それを防ぐには、できるだけ早い時点で関係にブレーキをかける必要があるのです。

相手の距離の取り方に注意しつつ、質問には差し支えない範囲の内容で答えましょう。まだ信頼関係が築かれていないうちから、プライベートのことまで正直に答える必要はありません。

例えば「ご主人はどんな仕事をしているの?」と聞かれたら、「会社員です」「自営業です」くらいの返事でいいと思います。もしくは「IT関係です」「建築関係です」など、業界で答えておくのもいいでしょう。

それ以上のことを聞いてきたら「私もよくわかっていないのです」と答えておきましょう。さらにしつこく社名を聞いてきたら、「言えるほどの有名な会社ではありませんから」と笑顔で言っておけばいいのです。

少し面倒なママは、肩書のような表面上のことに対するプライドが高いのが特徴です。

それを逆手にとって、**相手の自尊心をくすぐる言葉を繰り出して、相手を立てつつ、さっさと逃げてしまう**のが賢明な方法です（笑）。

もし、相手が自慢するようなことを話してきたら、シンプルに「さすがですね」「すごいですね」と言っておけばいいのです。

美容やファッションで自慢話が出てきたら、「美容やお洒落のことをきちんと考えていて、すごいですね！」と答えれば相手はきっと満足するでしょう。

そして笑顔で「貧乏ひまなしで、これから行かなくてはならない所があるのでそろそろ失礼しますね」と言って、立ち去ってしまいましょう。

「このママは少し面倒くさいかも」と思ったら、無理をして話に付き合う必要はありません。

何かと忙しい様子を演出して、その場をできるだけ早く去ってしまうのが最善の策です。

義理の両親の心に響く立て方

まず夫を持ち上げる

義理の両親に接する際も、何かと気を遣うナーバスな局面があるでしょう。

そこで大切にしたい基本原則は、「あくまでもパートナーの親なんだ」という意識を忘れないことです。

自分の親とは違うのは当たり前、自分の親と比較しても仕方がありません。

過ごしてきた環境が違う、年齢が違う、時代が違う……というように「違う」だらけなのですから、考え方が違っていて当然なのです。


中には、自分の親よりパートナーの親のほうが好きという人がいるのも事実で、義理の両親との相性に恵まれた幸運な例といえるでしょう。そんな人でも、全く気を遣わずにいるわけでもないと思います。

さて、義理の両親を上手に立てるコツは、**義理の両親の前で夫を立てる**ことです。

その理由はシンプル、夫は義理の両親にとって大切な息子だからです。不思議なもので、どの母親にとっても息子は自分のお腹を痛めて産み、手塩にかけて育ててきたのだという「息子への愛の歴史」を母親は持っているのです。

「気持ち悪っ！」と思う人がいるかもしれませんが、これは紛れもない事実です（笑）。私にも息子がいるので、その気持ちはよくわかります。

その事実は事実として、結婚をしたら息子のことはお嫁さんにバトンタッチして任せればいいのですが、そこで匙加減《さじかげん》を間違えてしまうのが、世の中のいわゆる嫁姑問題の大きな原因になっている気がします。

話を戻しましょう。

義理の両親の前で夫を上手に持ち上げると、義理の両親と良好な人間関係が続きます。

これは「お嫁さんが我慢をする」ということではありません。

「お嫁さんが賢明になって、面倒くさい問題を生まないようにしましょう」という立派な作戦です。


夫を持ち上げるといっても、何か特別なことが必要というのではありません。

例えば自宅に義理の両親を招いたときに、夫が食器を出してくれたり、足りないものを買いに出かけたりしてくれたときはチャンスです。

そうした夫の「小さな協力」に対して、**「とても助かる！　ありがとう」**と言うだけでいいのです。

「小さな協力」に対しても、その都度夫に感謝の気持ちをしっかり伝えている様子を見た義理の両親は、「息子を立ててくれているんだ」と、あなたに対して好印象を抱くのは間違いありません。

また、義理の両親から何か提案があったときは、「○○さんに相談してみますね」と、まず**夫に相談する旨の意思表示をする**のがポイントです。

たとえ気が進まない内容でも、その場ですぐ否定しないのが義理の両親に対する礼儀というものです。

その思いやりに「息子の意見を尊重してくれる」という気持ちがプラスされて、あなたの株はぐんぐん上がっていくことでしょう。

義理の両親の前で旦那さんを立てることは、義理の両親自身を立てることにつながるのです。

もちろん、義理の両親とは異なる意見があるのに、ずっと我慢することはありません。

その場合は、夫から上手に話してもらいましょう。

マウントをとってくる人への対処法

張り合わずに認めてしまう

マウントをとる人には、２つのタイプがあるように思います。

ひとつは、自分が最も優れていると思い込んでいるタイプです。

もうひとつは、自分より優れている人がいることはわかっていても、それを認めたくないタイプです。

前者のタイプは自尊心が強すぎるため、話し方にどこか傲慢さがあったりします。過去の栄光に強く執着していて、聞いてもいないのに昔の自慢話を話してくることもあります。

後者のタイプは、負けず嫌いがネガティブな方向へ転換してしまい、ジェラシー（嫉妬）の塊のようになっている人です。他の人の素晴らしい点を素直に認めることができません。自分のほうが上だと見せようとして、そのジェラシーをカモフラージュします。でも、周囲の人からはバレバレ。要するに自信がないわけです。

以上のことを念頭に置いておけば、マウントをとってくる人への対応は意外と簡単です。

皆さんのほうが賢明になって、**相手の言うことを認めればいい**のです。

自分が最も優れていると思い込んでいる人には、「すごいですね」と言えばいいのです。本当にすごいと思うか、社交辞令かはともかく、「すごいですね」と相手を承認する言葉を使いましょう。

自慢話がくどいほど出ても、同じように「それはすごいです」と認めれば、相手は案外あっさりと満足するものです。

もし、相手からダメ出しされたり、見下すようなことを言われたりしても

「おっしゃるとおりです」とサラリと返事をしてしまうのが効果的です。

悔しくなって言い返すと、さらに面倒な別のマウントをとってくる可能性があります。最悪の場合、いきなり怒り出しかねないのでこちらが疲れるだけです。ヘトヘトになる前に、無駄な抵抗をしないことをお勧めします（笑）。

後者の、自分が優れていないことをわかっている人は、つまりは自信がないのです。自信がないことがバレないように、肩肘を張っているのです。

この手の人のマウントには、**勝ちをゆずる**のが最善です。

例えばファッションや美容などのお洒落に関して「その服はどこで買ったの？」「その組み合わせはちょっとあなたらしくないね」「その爪こわい」などと、マウントをとられた場合で考えてみましょう。

「ネットで激安セールだったんです」「○○さんはいつもセンスいいですね」「○○さんはいつも自然なネイルでいいですね」と、相手の素晴らしさを認めてあげて、**自信を持たせてあげればいい**のです。

マウントをとる人は、自分の周りをいつも上から目線で見ているため、あらゆることに対してネガティブで批判的になってしまうようです。

「マウントをとるような言い方はしないほうがいいよ」とアドバイスができれば一番なのですが、現実にはなかなか難しいでしょう。

特にママ友の世界では、火に油を注ぐ状況になりかねないので、言わないほうが無難です。

心の中では「うるさいよ」と思っても、その場では張り合わないで認める。それがマウントをとってくる人を上手に立てる最善の方法です。

張り合わないで勝ちをゆずりつつ、徐々に距離をとっていけば自然に離れられることでしょう。

気分屋のパートナーとうまくいく方法

「気にしない」のが一番

恋人やパートナーが気分屋だと、どうしても疲れますよね。

さっきまで機嫌がよかったのに、急にむっつりと黙り込んでしまう。イライラしているので近づかないようにしていたら、突然、上機嫌で話しかけてくる。コロコロ変わる相手の気分や態度に振り回されるほうは、たまったものではありません。

「それなのに何で付き合っているの?」「なぜ一緒に暮らしているの?」と素朴な疑問が湧いてきますね。私の周りにも、気分屋のパートナーと暮らしている友人たちがいます。彼女たちの回答に共通しているのが、「好きだから」「楽しいときもたくさんあるから」なのです。

つまり、振り回されて疲れるよりも、「好き」「楽しい」が勝っているからなのですね。さらに上手に対応するコツを掴んだのも、パートナーとの関係が続けられる大きな要素のようです。

そこで、上手に対応するコツについて、彼女たちに聞いてみました。

するとそこには、**「気にしないで放っておく」**姿勢が、大きな土台としてあることがわかりました。

「何か怒っている?」「何か私、気に障ること言った?」と言うと、パートナーの機嫌は余計に悪くなります。「何怒っているの?」「何か言いたいことあるなら言ってよ」と言えばケンカになってしまいます。

「それならいっそのこと、放っておこう」という結論に達したそうです。

友人のひとりは彼の機嫌が悪いと感じたら、「スイッチオフ!」と自分に号令をかけて、**心のスイッチを一旦オフにする**ことにしたのだそうです。すると、しばらくしたら彼の機嫌が戻ることがわかったといいます。

確かに自分に非がないのに、相手の気分のせいで自分まで気分が悪くなる必要はありません。一旦心のスイッチをオフにする方法は、名案だなと思いました。

そして、ここで終わらないのが彼女たちの素晴らしいところです。

パートナーの機嫌が戻ったときに、必ず感謝の気持ちを伝えるのだそうです。

もちろん「機嫌を直してくれてありがとう」ではありません（笑）。

機嫌が直った後に何か協力的なことをしてくれたら、それが**たとえ小さなことでも「ありがとう」と言葉にして伝える**のです。

ときには「こうして一緒にいられることに感謝している。ありがとう」と、LINEで伝えるそうです。もちろん「ほめる」配慮も欠かしません。

気分屋のパートナーの機嫌が悪いときは、心のスイッチを一旦オフにして放っておきましょう。そして機嫌が戻ったら心のスイッチをオンにして、小さなことでも感謝してほめる。これで対策はバッチリです。

職場の気難しい女性上司の立て方

質問の後に御礼を伝える

職場で気難しい人は男性に限ったことではありません。女性にもいます。そして不思議なことに、私の経験では気難しい女性は仕事ができる人に多かった印象があります。

リクルートにも気難しい女性の上司はいました。

ですが、どちらかというと「話してみたら、実は優しい人だった」というタイプが多かったのは、私にとって大きな救いでした。

心根は優しい人なのに、常に仕事や部下のことを真剣に考えて集中しているから、会社では眉根を寄せてしまっています。その姿が、どうしても近寄りがたい印象を与えてしまうのかもしれません。

このような女性上司を上手に立てるには、感謝の気持ちを言葉で伝えることが何より最善の策です。

上司に仕事上での質問をする機会はよくあるでしょう。

上司から答えや指示を受けたら、**最後に「教えていただき、ありがとうございます」と御礼を伝えるのです。**もちろん、心を込めて御礼を言わないと伝わりませんが、これは作戦でもあります（笑）。


男性の育児や家事に対する参加が以前よりは多少増えてきたとはいえ、一般的にはまだまだ、女性が家庭でのさまざまな役割を男性に比べて担っているケースが多いからです。

だからこそ一層、**人から（特に職場で部下からの）心配りや配慮ある言葉を言われるとうれしくなる**のです。

もちろん個人差はあるかもしれませんが、家事や親や子どもの世話をしている女性のほうが、仕事上でもさりげない気配りや配慮ある対応を大切にしているように感じます。

「女性は、女性ならではの細やかな気遣いができる」といわれているのも、普段の他者に対するケアの経験が豊富であることが影響しているかもしれません。

ですので、気難しい女性上司に何かを教えてもらったら、必ず「教えていただき、ありがとうございます」と御礼を言いましょう。それだけで人間関係がポジティブに変わっていきます。

一方で、競争意識が強い男性は、なかなかそこまで気が回らないこともあるかもしれません。

ですが理想的には、性別の関係なく気配りや配慮を大切にして、仕事でもそれを言葉にして相手に伝えていきたいものです。

その姿勢が相手を立てることになり、良好な人間関係を築けるのです。

ご近所の気難しいご隠居さん対策

「ご一緒しても……」が効く

突然の遭遇というと、パッと頭に浮かぶのがマンションのエレベーターです。外出するときやゴミを捨てに行くときなどに、待っていたエレベーターのドアが開いて住人の方が乗っていると、一瞬ビクッと身構えてしまった経験、お持ちではないでしょうか。

最近では防犯上の理由から、扉に窓がついているエレベーターが増えました。これなら乗る前に人がいるかどうか、あらかじめわかります。

それなのに私は毎回、ビクッとしてしまうのです。勝手なもので共有エレベーターなのに、乗るときは無意識に自分だけの空間のように思い込んでいるのです。そのために、少し気が抜けているのかもしれません。

同じように、自分が先に乗っていて途中から誰かが乗ってくるときも、ビクッとして身構えてしまいます（笑）。

エレベーターの速度が落ちて、窓越しにこれから乗ってくる住人に気がつくと、慌てて襟を正すかのようにシャキッとして、後方の端に隠れるように移動してしまうのです。そんな私の姿に、エレベーターの窓越しから気づいた住人の方は、さぞおかしく思われているのだろうなと想像してしまいます。

さて、私の住んでいるマンションにはいわゆる「ご隠居さん」と呼ばれている年配の方たちもいらっしゃいます。

「感じのよいご隠居さん」もいれば、「気難しそうなご隠居さん」もいます。

後者は、私が「こんにちは！」と挨拶をしても不機嫌そうな表情で無言のままのことが多いです。その先入観からか、その方とエレベーターで遭遇したときは、黙って過ごすことがすっかり増えました。狭い空間では、たとえ数十秒の短い時間でも、何だか長く感じてしまうものです。

そんな矢先、同じフロアに住む感じのいいご隠居さんとエレベーターの前で会いました。

「こんにちは」「いいお天気で気持ちがいいですね」「お出かけですか？」と、いつものように挨拶を交わしながらエレベーターを待っていると、上階から降りてきたエレベーターのドアが開いてびっくり仰天！

あの気難しそうなご隠居さんが、仁王立ち《におうだ》ちで（ごめんなさい）いたのです。

心の中で「うわっ！」と叫びながら固まりかけていると、感じのいいご隠居さんは、笑顔でこう言いました。

「ご一緒してもよろしいですか？」

すると、仁王様はハッとした表情で「どうぞ」と言い、後方に移動して私たち2人が乗れるスペースをつくってくれました。

感じのいいご隠居さんは「どうもありがとう」と言いながら、レディー・ファーストさながら私を先に乗せてくださったのです。

「ご一緒してもよろしいですか?」という言葉は、先に乗っていた人が少し気難しそうな人だった場合に、その人をうまく立てるための、いい声がけのセリフになるなと、そのとき思ったのです。

エレベーターは住民の共有部分であるとはいえ、狭い空間です。できれば気難しい人との遭遇は避けたいと思うのが、本音でしょう。

誰が見ても不機嫌そうな表情のご隠居さんを、感じのいいご隠居さんが上手に立てた腕前はさすがでした。

さて、エレベーターが1階につきました。

感じのいいご隠居さんは、どんな行動に出たと思いますか? 私は当然、黙って降りることはないだろうなと思っていました。

先に乗っていた気難しいご隠居さんの体格が自分より大きいことや、後からご自身と私が乗ってきたことも考慮したのでしょう。少し振り返って、笑顔の声で「お先に失礼します」と挨拶をして降りたのでした。

気難しいご隠居さんは相も変わらず無言でしたが、決して嫌な気持ちにはなっていなかったことでしょう。

笑顔の声とは、笑顔で話すことです。口角を上げて少し微笑むだけで、笑顔の声になりますね。眉根を寄せて口角を下げた不機嫌な顔では、どんなにがんばっても決して笑顔の声にはなりません（笑）。

たった数十秒とはいえ、エレベーターも気持ちよく乗りたいですね。

皆さんも、ちょっと気難しそうな人が乗ってきたら、「ご一緒してもよろしいですか？」と言って、先に乗っていた人を立ててみましょう。

降りるときは、スペースが十分にあれば開くボタンを押しながら「どうぞ」と言って先に降りていただきましょう。大きな荷物を持っていたり、自分が先に降りたほうがいい場合には、「お先に失礼します」と言って、本来なら先に降りる人を立てましょう。

エレベーターでの人の立て方、私も意識して実践していこうと思います。

職人気質の頑固な人を立てる

その技を讃えるのが最善

「技術を高める前に、人間性を高めなさい」

これは、亡き母がよく言っていた言葉です。

どんなに素晴らしい技術を持っていても、人様に不快な思いをさせるような人柄では、その技術は風前の灯火《ともしび》も同然だというのです。

「何かを身につけたい」「スキルを磨きたい」と思ったら、まずは人間性を磨くことが先決で、「技術には人間性が出る」とも言っていました。

この言葉には、確かに一理あります。

例えば人の髪や肌に触れる美容師やエステティシャンの中でも、お客様に寄り添う気持ちのある人とそうでない人では、たとえ技術は同じレベルでも、総合的な丁寧さに差が出ているように思います。

丁寧であればあるほど、お客様のリクエストにきちんと応えようとしてくれますし、お客様を満足させる技術で「またお願いしたい！」と思わせてくれます。

技術も人間性も高い人物として、真っ先に思い浮かぶのがメジャーリーガーの大谷翔平選手です。

投打の二刀流でトップクラスの実績はもちろん、いつも礼儀正しく明るい表情を崩しません。快進撃を続けながらも謙虚さを忘れない人柄のため、誰からも愛されるのだと思います。

一方で、「技術が素晴らしければそれでいい」「技術こそすべて」という考え方の職人気質《かたぎ》の人がいることも事実です。

もちろん全員ではありませんが、職人気質の人というと、無口で頑固な方が多いようです。

自分の技術に対する誇りがあるため、自信を持ってやっている仕事に口出しされたくないとの思いからか、他人をガードするがごとく自らバリアを張ってしまうのかもしれません。


つい先日、こんなことがありました。

知人からいただいた、ある老舗《しにせ》の和菓子の何ともいえない品のある味がすっかり気に入ってしまいました。

実際にお店に足を運んでみたくなって、訪問したときのことです。


その小さな和菓子屋さんは、大通りから一本入った小道にひっそりと佇《たたず》んでいました。ワクワクしながら引き戸を開けると、こぢんまりしたショーケースに見るからに美味しそうな和菓子が並んでいます。

しばらく眺めて楽しんでいたのですが、お店の人が出てくる気配が全くありません。

「すみませーん」と大きな声を出したら、蚊の鳴くような声で「はい」と言いながら店主らしき男性が現れました。

購入したい和菓子を伝えると、無言でトレイに置いていき、小箱に入れて不機嫌そうにボソッと料金を伝えてきました。

そして沈むような声で「ありがとうございました」と言うと、さっさと奥へ姿を消してしまったのです。

「感じ悪い！」と思いながらも、この店主らしき人はおそらく職人さんなのでしょう。お店に入るときのワクワクした気持ちは一気に沈んでしまい、帰りに引き戸を開けるときは、残念ながら暗い気持ちになっていました。

数日後、知人にそのことを伝えると、「それでは僕と一緒に行ってみましょう」と言ってくれました。

日もあけずに、今度はちょっとビクビクしながらあの老舗和菓子店の引き戸を開けることになったのです。聞き覚えのある「はい」という声と共に登場した店主は、知人の姿を見るなり「あ、先生」と言って微笑んだので驚きました。

知人は士業《しぎょう》をしていて、店主とは知り合いだったのです。

知人は「自分がここの和菓子をこちらの女性（私）に差し上げたら美味しいと絶賛してくれてね。この前、ひとりで買いに来たでしょう。あれ？　お客さんの顔を覚えていないの？」と、ユーモアを感じさせる雰囲気を醸し出しながら、笑顔で話を切り出しました。

「それでそのとき、あなたは終始仏頂面《ぶっちょうづら》だったの？　わざわざ遠い所から足を運んで、あなたの作る和菓子を楽しみにしていたのに、怖い顔をして接客していたら美味しい和菓子が台なしでしょう」と、言い方はソフトですがはっきりとモノ申してくださったのです。

バツが悪そうな微笑みを浮かべて知人に向かい「すみませんでした」と頭を下げる店主に、笑いながら「謝るなら私ではなくこちらの女性にでしょう」とまでおっしゃってくださったのです。私のほうが頭の下がる思いでした。

それでも頑《かたく》なに私とは目を合わせない店主の姿を見ていたら、その頑固さに何だかおかしくなってきました。仏頂面も無愛想な接客も、もうどうでもよくなってきたのです。

思わず、「職人気質なんですよね。これだけ美味しい老舗の味を守るなんて、どんなに大変なことかと思います」と言うと、店主は初めて私のほうを見て、深々とお辞儀をされたのでした。

職人気質という言葉は、高い技術という点でポジティブな意味を持っています。この店主のように、老舗の味を一所懸命に守ることだけを生きがいにしてきた職人さんに対して、「感じのいい接客」を期待すること自体が、間違っているのかもしれません。

後からわかったのですが、いつもは明るい奥様がお店に出ていらして、印象のよい接客をされていたそうです。たまたま私が足を運んだ日から、私用で奥様はご不在だったのです。

考えてみたら、評判の人気レストランや飲食店は、シェフが顔を出すことはほとんどありませんね。寿司職人も、大抵はカウンターの中で黙々とお寿司を握ります。作り手はあくまでも技術に徹する姿勢なのでしょう。

皆さんがもし、老舗のお菓子屋さんや飲食店で、頑固そうな職人気質の人と遭遇しても、過度に気にしないことです。

美味しい味を楽しむことを、最優先にしてほしいです。

なぜなら、**「美味しい」と思うことが、頑固な職人気質の人を立てることにつながる**からです。

相手《あいて》を立《た》てるのがうまい人《ひと》

著　者――森　優子（もり・ゆうこ）

発行者――押鐘太陽

発行所――株式会社三笠書房

〒102-0072 東京都千代田区飯田橋3-3-1
電話：(03)5226-5734（営業部）
　　：(03)5226-5731（編集部）
https://www.mikasashobo.co.jp

印　刷――誠宏印刷

製　本――若林製本工場

ISBN978-4-8379-2965-9 C0030

三笠書房

「気の使い方」がうまい人

相手の心理を読む「絶対ルール」

山﨑武也

なぜか好かれる人、なぜか嫌われる人
——その「違い」に気づいていますか?

「ちょっとしたこと」で驚くほど人間関係は変わる! ●必ず打ちとける「目線の魔術」 ●相手に「さわやかな印象」を与えるこのしぐさ ●人を待たせるとき、相手の〝イライラ〟を和らげる法…など誰からも気がきくといわれる話し方、聞き方、接し方のコツを101紹介。

「また会いたい」と思われる人

「人に好かれる」絶対ルール

鹿島しのぶ

優しさ、思いやり、親切……人間関係の基本から
好感度アップの秘訣、相手を喜ばせる方法まで

初対面の挨拶、目上の人と話すとき、飲み会・食事会……。●自分からまず動く ●どんな話も「面白がって聞く」 ●上から目線で褒めない ●相手の変化に気づき、声をかける ●「今度食事でも」を実現させる——だから、「この人にまた会いたい」と思われる!

できる人は必ず持っている

一流の気くばり力

安田 正

「ちょっとしたこと」が、
「圧倒的な差」になっていく!

気くばりは、相手にも自分にも「大きなメリット」を生み出す! ●求められている「一歩先」を ●お礼こそ「即・送信」 ●話した内容を次に活かす ●言いにくいことの上手な伝え方 ●「ねぎらいの気持ち」を定期的に示す ……気の利く人は、必ず仕事のできる人!

T30322